BRIAN GAGG

WORTSUCHRÄTS
2 in 1 SAMMELBAND

MUTTER
und
VATER

Bibliografische Information der Deutschen Nationalbibliothek:
Die Deutsche Nationalbibliothek verzeichnet diese Publikation in der Deutschen Nationalbibliografie; detaillierte bibliografische
Daten sind im Internet über http://dnb.dnb.de abrufbar.

Herstellung und Verlag: BoD – Books on Demand, Norderstedt
ISBN: 9783755700890

Inhaltsangabe Seite

Einleitung

Auf den folgenden Seiten finden sich thematisch sortierte Wortsuchrätsel.
Um ein Wortsuchrätsel zu lösen, müssen alle jeweils aufgelisteten Worte in der darüber befindlichen Buchstabenmatrix gefunden werden. Ist ein Wort gefunden, sollte es mit einem Stift umkreist und das gefundene Wort aus der Liste gestrichen werden. Sind alle Worte aus der Liste gefunden, ist das Rätsel gelöst. Bei Schwierigkeiten ein Rätsel zu lösen, kann die Lösung jeweils auf der Rückseite nachgeschaut werden. Die zu findenden Worte sind jeweils als ganzes (d.h. immer nur in einer Richtung und ungebrochen) in der Matrix nach folgenden Regeln versteckt:

- Suchworte können sich überlagern, d.h. ein Buchstabenkästchen kann von mehreren Suchworten genutzt sein.

- Worte können vorwärts, rückwärts, horizontal, vertikal oder diagonal in der Matrix versteckt sein.

- Suchworte stehen für sich alleine und sind unter- oder nebeneinander aufgelistet.

C	D	H	M	H	M	O	N	G	P	N	E	M	K	R	E	U	F	V
A	E	N	G	S	T	E	F	Y	P	D	A	N	R	N	I	M	M	T
I	M	M	E	R	B	J	R	S	S	S	N	V	E	I	H	N	V	U
Q	Q	P	M	A	C	H	E	N	N	Y	S	M	A	A	D	L	E	M
E	C	H	T	E	O	X	I	I	I	M	A	C	H	T	L	K	R	S
T	M	M	I	N	P	T	E	I	S	C	A	H	N	C	V	P	A	E
H	J	P	T	N	H	M	P	W	K	E	K	N	L	Z	Z	O	N	E
T	E	G	U	V	E	T	M	M	I	N	R	E	B	E	U	L	T	L
D	I	T	N	G	F	Z	G	Z	E	F	Y	U	M	T	Q	R	W	E
M	N	M	B	G	R	R	W	I	F	D	V	F	Q	A	L	X	O	N
N	E	W	E	I	H	P	I	J	L	T	G	N	M	E	A	L	R	T
K	N	E	Z	T	S	Y	Y	N	I	A	A	S	U	M	E	C	T	A
O	Z	G	A	T	K	K	R	E	S	O	M	T	M	P	X	U	U	N
M	L	A	H	W	W	D	F	K	O	J	P	N	K	B	G	P	N	K
P	R	D	L	S	Y	M	L	M	F	M	R	O	I	J	M	Q	G	S
L	Y	I	B	V	E	R	T	E	I	D	I	G	T	E	X	X	K	T
I	D	C	A	E	L	H	B	R	M	G	T	X	V	R	T	M	E	E
M	N	H	R	Z	A	D	S	C	D	Z	U	Q	A	J	R	S	Q	L
E	E	M	W	T	K	G	H	E	T	D	Y	E	Y	N	M	D	S	L
N	Q	B	L	K	Y	T	J	Z	K	F	I	S	H	G	V	A	E	E
T	C	Y	U	L	V	A	D	E	M	Z	L	X	H	S	L	H	N	C
E	X	W	C	C	G	C	K	I	K	I	I	W	F	B	Q	R	E	S
Q	J	C	S	P	A	A	B	T	E	M	X	J	W	X	L	Z	V	R
F	U	T	U	J	I	S	H	T	K	S	D	A	G	C	O	Y	F	F

1

SEELENTANKSTELLE
HAT IMMER ZEIT FUER DICH
MACHT ECHTE KOMPLIMENTE
GEMEINSAM PLAENE MACHEN
UEBERNIMMT VERANTWORTUNG
NIMMT DIR AENGSTE
VERTEIDIGT EINEN
UNBEZAHLBAR
NIMMT TEIL
EINMALIG

Lösung

C D H M H M O N G P N E M K R E U F V
A E N G S T E F Y P D A N R N I M M T
I M M E R B J R S S S N V E I H N V U
Q Q P M A C H E N N Y S M A A D L E M
E C H T E O X I I I M A C H T L K R S
T M M I N P T E I S C A H N C V P A E
H J P T N H M P W K E K N L Z Z O N E
T E G U V E T M M I N R E B E U L T L
D I T N G F Z G Z E F Y U M T Q R W E
M N M B G R R W I F D V F Q A L X O N
N E W E I H P I J L T G N M E A L R T
K N E Z T S Y Y N I A A S U M E C T A
O Z G A T K K R E S O M T M P X U U N
M L A H W W D F K O J P N K B G P N K
P R D L S Y M L M F M R O I J M Q G S
L Y I B V E R T E I D I G T E X X K T
I D C A E L H B R M G T X V R T M E E
M N H R Z A D S C D Z U Q A J R S Q L
E E M W T K G H E T D Y E Y N M D S L
N Q B L K Y T J Z K F I S H G V A E E
T C Y U L V A D E M Z L X H S L H N C
E X W C C G C K I K I I W F B Q R E S
Q J C S P A A B T E M X J W X L Z V R
F U T U J I S H T K S D A G C O Y F F

Y C I I E B X O V F L B V V T A O V H
O S F W P I L S Z U V M Q G U Y X K K
T C B N E Q I C Z W P G G T G Q T R I
S E Y I I F H L P Q R P H B M U W Z H
I C M R N V U U D G A E Z C D A O L W
C Y U O E T E E K E N T R B K Q N H H
E O R D M R G W A T R Q I K L Y X C X
U I G D Q G L J I E O K B J C B D N J
P G L M I C P S M M R R Z E A T K L P
I I U N I Y C M X X K A L W M D Z C J
E T E M K H E E Q K C N J Z G K X S V
T R C X Z U Z P D O Z K Q T G N I R B
A A K Z K I K L B U R H F A E C T Z H
E S S M Z D A X M Q O E H O H O V V J
T S M K L A C H E N F I T V R H G O U
V O O Y L R D C L W Z T M V L Q G R N
O R M M R L I I G S I Z I V I D H B H
L G E N F B E S O N N E N F C D F I R
L P N K R B J O V U K X Z N H B K L M
Y E T D E I D B C H Z D N A K I T D W
C P E V I P I T O S O W P D E K D S W
O Y O G Z V B I C A Y X X B I A V L E
I L B D F T Z M D E O M E L T Z W A D
L W M N U E Z B W D D N K A A K C V F

2

AUTHENTISCH
IST GROSSARTIG
GLUECKSMOMENTE
BRINGT EINEM ZUM LACHEN
KUEMMERT SICH BEI KRANKHEIT
IST PIETAETVOLL
EHRLICHKEIT
BESONNEN
LIEBEVOLL
VORBILD

Lösung

Y C I I E B X O V F L B V V T A O V H
O S F W P I L S Z U V M Q G U Y X K K
T C B N E Q I C Z W P G G T G Q T R I
S E Y I I F H L P Q R P H B M U W Z H
I C M R N V U U D G A E Z C D A O L W
C Y U O E T E E K E N T R B K Q N H H
E O R D M R G W A T R Q I K L Y X C X
U I G D Q G L J I E O K B J C B D N J
P G L M I C P S M M R R Z E A T K L P
I I U N I Y C M X X K A L W M D Z C J
E T E M K H E E Q K C N J Z G K X S V
T R C X Z U Z P D O Z K Q T G N I R B
A A K Z K I K L B U R H F A E C T Z H
E S S M Z D A X M Q O E H O H O V V J
T S M K L A C H E N F I T V R H G O U
V O O Y L R D C L W Z T M V L Q G R N
O R M M R L I I G S I Z I V I D H B H
L G E N F B E S O N N E N F C D F I R
L P N K R B J O V U K X Z N H B K L M
Y E T D E I D B C H Z D N A K I T D W
C P E V I P I T O S O W P D E K D S W
O Y O G Z V B I C A Y X X B I A V L E
I L B D F T Z M D E O M E L T Z W A D
L W M N U E Z B W D D N K A A K C V F

L	D	B	N	E	G	N	U	M	H	E	N	R	E	T	N	U	Y	M
Z	F	N	A	W	D	E	E	Y	P	O	P	S	T	A	R	K	E	H
X	M	P	M	F	B	M	H	T	V	C	F	E	W	K	E	S	W	K
Y	T	U	E	B	U	F	X	E	I	W	U	Y	L	I	E	B	E	M
I	R	E	D	W	T	Y	E	E	A	E	M	O	M	E	N	T	E	X
X	E	U	L	G	K	G	M	T	Z	N	R	B	E	I	F	H	V	X
Q	I	S	X	I	J	L	I	G	L	P	S	T	Q	D	U	N	D	V
V	T	Q	S	G	R	S	O	E	Q	P	Y	G	S	Z	Z	I	A	W
W	N	T	O	R	N	W	M	Q	Z	Q	U	I	Y	F	Z	Z	Y	T
N	E	A	S	V	E	M	A	S	N	I	E	M	E	G	N	A	K	S
E	I	T	I	H	K	Z	L	K	D	B	Q	W	D	M	H	E	L	S
H	R	E	E	M	V	D	S	V	V	H	G	I	T	S	R	R	L	U
I	O	E	C	N	D	V	M	U	A	A	X	S	O	J	V	T	I	W
E	S	O	L	S	G	N	U	G	N	I	D	E	B	T	R	L	F	E
Z	T	H	G	Q	E	Z	G	H	H	L	L	K	O	B	R	I	B	B
R	F	P	H	P	U	E	P	S	W	F	V	L	I	L	T	C	Y	T
E	N	Y	C	S	C	U	A	A	D	P	L	N	P	S	I	H	E	S
V	U	S	S	E	O	V	Q	D	F	E	D	A	R	M	H	E	S	B
Q	K	B	N	X	N	F	L	M	U	U	B	Y	Z	K	H	R	B	L
L	U	R	E	F	L	H	R	Y	N	F	F	I	J	C	O	G	M	E
M	Z	U	M	P	H	M	F	G	E	B	N	Z	Y	U	Y	X	E	S
U	Y	X	B	K	R	Q	O	Z	W	I	R	J	F	O	G	L	Q	F
L	U	T	Z	B	U	S	W	J	U	M	O	F	L	H	C	S	P	F
Q	X	K	X	W	S	O	X	A	Q	D	K	V	G	I	V	L	H	S

3

ZUKUNFTSORIENTIERT
ZAERTLICHER MENSCH
STREITEN UND VERZEIHEN
ZEIGT BEDINGUNGSLOSE LIEBE
TOLLE GEMEINSAME MOMENTE

UNTERNEHMUNGEN
STARKE BINDUNG
SELBSTBEWUSST
NAEHE
LIEBE

Lösung

L	D	B	N	E	G	N	U	M	H	E	N	R	E	T	N	U	Y	M
Z	F	N	A	W	D	E	E	Y	P	O	P	S	T	A	R	K	E	H
X	M	P	M	F	B	M	H	T	V	C	F	E	W	K	E	S	W	K
Y	T	U	E	B	U	F	X	E	I	W	U	Y	L	I	E	B	E	M
I	R	E	D	W	T	Y	E	E	A	E	M	O	M	E	N	T	E	X
X	E	U	L	G	K	G	M	T	Z	N	R	B	E	I	F	H	V	X
Q	I	S	X	I	J	L	I	G	L	P	S	T	Q	D	U	N	D	V
V	T	Q	S	G	R	S	O	E	Q	P	Y	G	S	Z	Z	I	A	W
W	N	T	O	R	N	W	M	Q	Z	Q	U	I	Y	F	Z	Z	Y	T
N	E	A	S	V	E	M	A	S	N	I	E	M	E	G	N	A	K	S
E	I	T	I	H	K	Z	L	K	D	B	Q	W	D	M	H	E	L	S
H	R	E	E	M	V	D	S	V	V	H	G	I	T	S	R	R	L	U
I	O	E	C	N	D	V	M	U	A	A	X	S	O	J	V	T	I	W
E	S	O	L	S	G	N	U	G	N	I	D	E	B	T	R	L	F	E
Z	T	H	G	Q	E	Z	G	H	H	L	L	K	O	B	R	I	B	B
R	F	P	H	P	U	E	P	S	W	F	V	L	I	L	T	C	Y	T
E	N	Y	C	S	C	U	A	A	D	P	L	N	P	S	I	H	E	S
V	U	S	S	E	O	V	Q	D	F	E	D	A	R	M	H	E	S	B
Q	K	B	N	X	N	F	L	M	U	U	B	Y	Z	K	H	R	B	L
L	U	R	E	F	L	H	R	Y	N	F	F	I	J	C	O	G	M	E
M	Z	U	M	P	H	M	F	G	E	B	N	Z	Y	U	Y	X	E	S
U	Y	X	B	K	R	Q	O	Z	W	I	R	J	F	O	G	L	Q	F
L	U	T	Z	B	U	S	W	J	U	M	O	F	L	H	C	S	P	F
Q	X	K	X	W	S	O	X	A	Q	D	K	V	G	I	V	L	H	S

G N H Z J Z Z C I Q Z X G R Z X D R Z
N Y C G O D C T C U C C A M S O Q P S
N O Q E M H I N S F R E I Z E I T W S
L Y U Q V C Z A D T R T Z L U I Z A M
B E J W P P M P B E S C H U E T Z E N
S I C H V M H J Z J Y U P S T F P T L
A I A R E T K C C C I D Q Y W V K A U
D Q H N Y E O C I M T U V P Z W Z J E
M A K Z W U E K I L V K E O S B N I I
L D Z T I M V D N F G D R T E N J R N
O F Y G C U I R I V A R H Y T E S Z F
O G X W A R K L M K J D O L V N K Q U
O O E U U H S Y M D R U L S F I P P E
G M N I F T Z B T X P Z U N R E C P H
N Q U U R M S Y T V C L N Q W E K C L
X E I W I Z W D L P P A G D Y H U J S
Q B Z F C D H O V K Z T W T Y W A F A
I S W Y H P I P B A I S A F D Z V A M
D B F L T P X T D D I N E L E I P S M
M R J Z I I P Y O H F S V I B V O T M
W J G T G H I S B D A R T E Q E Q O O
Y Q O K C L N Q S U E R Z W R J W I V
J S T P H C I L R H E D U T N H G Y A
W Q L M O V E R S T E H T E D O G F P

4

BESCHUETZEN
FUERSORGLICH
VERSTEHT EINEN
NIMMT SICH ZEIT
ZUSAMMEN SPIELEN
EINFUEHLSAM
AUFRICHTIG
ERHOLUNG
FREIZEIT
EHRLICH

Lösung

G N H Z J Z Z C I Q Z X G R Z X D R Z
N Y C G O D C T C U C C A M S O Q P S
N O Q E M H I N S F R E I Z E I T W S
L Y U Q V C Z A D T R T Z L U I Z A M
B E J W P P M P B E S C H U E T Z E N
S I C H V M H J Z J Y U P S T F P T L
A I A R E T K C C C I D Q Y W V K A U
D Q H N Y E O C I M T U V P Z W Z J E
M A K Z W U E K I L V K E O S B N I I
L D Z T I M V D N F G D R T E N J R N
O F Y G C U I R I V A R H Y T E S Z F
O G X W A R K L M K J D O L V N K Q U
O O E U U H S Y M D R U L S F I P P E
G M N I F T Z B T X P Z U N R E C P H
N Q U U R M S Y T V C L N Q W E K C L
X E I W I Z W D L P P A G D Y H U J S
Q B Z F C D H O V K Z T W T Y W A F A
I S W Y H P I P B A I S A F D Z V A M
D B F L T P X T D D I N E L E I P S M
M R J Z I I P Y O H F S V I B V O T M
W J G T G H I S B D A R T E Q E Q O O
Y Q O K C L N Q S U E R Z W R J W I V
J S T P H C I L R H E D U T N H G Y A
W Q L M O V E R S T E H T E D O G F P

C	D	B	L	V	A	S	F	M	M	D	Z	F	K	X	K	P	T	H
A	K	N	C	S	W	C	I	L	A	R	L	E	X	E	C	Y	R	O
O	D	O	K	W	D	U	C	T	L	S	C	Z	X	D	B	K	L	Q
D	R	S	L	U	M	T	D	K	M	F	L	K	I	J	G	A	V	M
C	H	K	C	T	Z	W	L	E	E	M	A	S	N	I	E	M	E	G
O	N	C	R	H	K	N	W	P	S	V	N	D	J	K	V	Y	Y	E
N	P	Y	D	A	W	X	M	S	E	G	A	V	M	P	Y	X	D	Y
G	B	E	S	T	E	E	S	E	A	N	Z	V	H	K	L	G	W	S
J	L	Y	M	M	Z	C	L	R	K	M	L	U	X	E	S	C	J	U
C	T	X	T	U	G	F	K	G	B	F	R	Y	R	C	J	Z	D	T
V	N	R	L	U	S	D	D	E	E	U	E	G	H	K	Y	T	N	F
L	E	S	U	A	N	Z	P	Q	K	N	E	E	V	F	M	A	C	A
Y	G	X	B	G	M	X	G	U	G	B	N	E	S	U	O	U	Q	R
H	N	S	X	F	B	G	V	I	E	K	R	L	T	X	Z	S	U	K
L	U	H	S	J	N	G	G	N	T	G	X	T	E	E	H	E	G	R
N	R	F	P	Q	J	E	H	B	A	Q	E	O	I	Y	U	N	J	L
C	E	I	I	S	V	E	C	N	N	R	M	G	N	I	U	D	B	G
V	N	Z	H	U	I	I	G	A	H	B	E	J	I	F	X	W	S	S
X	N	K	W	T	R	E	T	E	F	N	T	P	Q	K	F	L	K	O
Q	I	A	O	Z	N	Y	R	G	C	I	G	O	K	L	B	H	K	C
T	R	M	O	H	N	Z	Z	G	I	T	L	X	C	T	N	E	N	F
U	E	V	E	G	C	B	V	S	N	V	M	K	K	J	C	V	Q	E
U	Z	I	N	S	G	E	M	A	C	H	T	U	Y	C	V	G	I	E
G	T	Y	T	B	I	G	N	E	U	A	R	T	R	E	V	D	H	G

5

TAUSEND DANK
RESPEKT ZEIGEN
SCHENKT VERTRAUEN
GEMEINSAME VERGANGENHEIT
IN ERINNERUNGEN SCHWELGEN

GUT GEMACHT
MUTTERHERZ
ERGEBENHEIT
GIBT KRAFT
DIE BESTE

Lösung

C	D	B	L	V	A	S	F	M	M	D	Z	F	K	X	K	P	T	H
A	K	N	C	S	W	C	I	L	A	R	L	E	X	E	C	Y	R	O
O	D	O	K	W	D	U	C	T	L	S	C	Z	X	D	B	K	L	Q
D	R	S	L	U	M	T	D	K	M	F	L	K	I	J	G	A	V	M
C	H	K	C	T	Z	W	L	E	E	M	A	S	N	I	E	M	E	G
O	N	C	R	H	K	N	W	P	S	V	N	D	J	K	V	Y	Y	E
N	P	Y	D	A	W	X	M	S	E	G	A	V	M	P	Y	X	D	Y
G	B	E	S	T	E	E	S	E	A	N	Z	V	H	K	L	G	W	S
J	L	Y	M	M	Z	C	L	R	K	M	L	U	X	E	S	C	J	U
C	T	X	T	U	G	F	K	G	B	F	R	Y	R	C	J	Z	D	T
V	N	R	L	U	S	D	D	E	E	U	E	G	H	K	Y	T	N	F
L	E	S	U	A	N	Z	P	Q	K	N	E	E	V	F	M	A	C	A
Y	G	X	B	G	M	X	G	U	G	B	N	E	S	U	O	U	Q	R
H	N	S	X	F	B	G	V	I	E	K	R	L	T	X	Z	S	U	K
L	U	H	S	J	N	G	G	N	T	G	X	T	E	E	H	E	G	R
N	R	F	P	Q	J	E	H	B	A	Q	E	O	I	Y	U	N	J	L
C	E	I	I	S	V	E	C	N	N	R	M	G	N	I	U	D	B	G
V	N	Z	H	U	I	I	G	A	H	B	E	J	I	F	X	W	S	S
X	N	K	W	T	R	E	T	E	F	N	T	P	Q	K	F	L	K	O
Q	I	A	O	Z	N	Y	R	G	C	I	G	O	K	L	B	H	K	C
T	R	M	O	H	N	Z	Z	G	I	T	L	X	C	T	N	E	N	F
U	E	V	E	G	C	B	V	S	N	V	M	K	K	J	C	V	Q	E
U	Z	I	N	S	G	E	M	A	C	H	T	U	Y	C	V	G	I	E
G	T	Y	T	B	I	G	N	E	U	A	R	T	R	E	V	D	H	G

K	G	V	R	J	E	B	K	I	T	E	S	X	L	Q	G	K	O	L
U	L	G	I	I	M	G	N	G	S	H	N	J	U	D	C	D	Y	V
L	S	N	L	T	B	X	I	H	J	E	I	G	A	L	W	R	O	U
H	E	U	R	W	K	E	G	I	W	Q	W	C	G	L	T	R	F	Q
N	G	Z	P	T	Z	Z	N	N	H	K	D	D	T	M	B	B	X	X
L	S	T	T	H	S	Y	I	E	A	N	G	P	D	I	U	Z	U	S
E	Y	E	A	U	C	H	D	I	K	N	F	S	L	F	Y	E	E	I
G	U	A	U	Y	S	X	L	N	N	H	F	D	F	Q	U	R	N	C
E	N	H	Y	V	X	K	E	V	L	P	P	E	Y	Y	V	N	Q	H
R	E	C	W	R	T	N	H	E	Q	U	W	J	S	K	Z	K	U	T
H	H	S	O	E	I	Q	S	R	U	X	G	L	G	D	A	J	N	I
Z	E	T	R	E	Z	Q	G	S	O	O	D	M	L	N	Y	R	T	E
L	T	R	T	S	O	R	A	E	V	G	R	P	N	H	K	K	E	H
I	S	E	E	O	S	S	T	T	Z	R	E	M	M	I	Q	P	R	N
K	R	W	Z	B	U	I	L	Z	L	T	X	D	J	P	H	S	S	E
M	E	O	H	N	E	Z	L	E	G	E	L	Z	E	R	U	F	T	D
S	V	L	G	J	M	U	A	N	K	E	A	A	E	J	A	E	U	N
D	S	S	T	O	I	H	S	Y	W	B	J	H	P	V	E	O	E	U
B	B	Y	U	F	X	O	O	C	E	V	Q	E	O	M	Q	W	T	B
I	Q	T	R	G	B	E	T	N	Y	X	J	W	D	B	T	E	Z	R
J	R	M	T	S	U	R	I	B	B	M	D	X	V	L	H	I	E	E
M	I	X	J	I	C	E	J	Z	B	E	T	H	O	H	E	N	N	V
O	N	W	W	C	M	N	H	H	I	L	F	T	P	C	H	N	D	U
G	D	U	W	H	L	L	H	L	A	F	R	L	I	J	G	K	I	Q

6

HAELT REGELN EIN
MEINE ALLTAGSHELDIN
ZEIGT WERTSCHAETZUNG
SICH AUCH OHNE WORTE VERSTEHEN
KANN SICH IN EINEN HINEINVERSETZEN

UNTERSTUETZEND
VERBUNDENHEIT
HILFT IMMER
ZUHOEREN
VORBILD

Lösung

K G V R J E B K I T E S X L Q G K O L
U L G I I M G N G S H N J U D C D Y V
L S N L T B X I H J E I G A L W R O U
H E U R W K E G I W Q W C G L T R F Q
N G Z P T Z Z N N H K D D T M B B X X
L S T T H S Y I E A N G P D I U Z U S
E Y E A U C H D I K N F S L F Y E E I
G U A U Y S X L N N H F D F Q U R N C
E N H Y V X K E V L P P E Y Y V N Q H
R E C W R T N H E Q U W J S K Z K U T
H H S O E I Q S R U X G L G D A J N I
Z E T R E Z Q G S O O D M L N Y R T E
L T R T S O R A E V G R P N H K K E H
I S E E O S S T T Z R E M M I Q P R N
K R W Z B U I L Z L T X D J P H S S E
M E O H N E Z L E G E L Z E R U F T D
S V L G J M U A N K E A A E J A E U N
D S S T O I H S Y W B J H P V E O E U
B B Y U F X O O C E V Q E O M Q W T B
I Q T R G B E T N Y X J W D B T E Z R
J R M T S U R I B B M D X V L H I E E
M I X J I C E J Z B E T H O H E N N V
O N W W C M N H H I L F T P C H N D U
G D U W H L L H L A F R L I J G K I Q

L	F	I	U	O	S	A	U	W	G	F	Y	S	K	D	R	X	Z	X
M	U	J	G	S	T	V	N	P	B	H	O	K	T	O	S	H	N	W
I	T	M	E	C	Z	X	W	R	F	J	A	K	C	N	J	V	G	A
X	F	M	H	L	T	Y	S	R	A	A	N	D	L	B	O	Y	D	K
H	Z	F	E	P	E	W	L	D	M	E	D	N	W	W	N	L	X	L
Y	Y	T	I	Q	S	N	L	O	D	N	W	R	Z	H	K	S	Q	Q
H	S	Q	M	Q	G	P	N	Y	K	V	U	S	B	L	L	G	L	X
C	K	Z	N	M	B	O	Z	M	E	T	R	I	N	V	O	E	J	Q
D	C	G	I	P	J	B	F	F	T	B	S	C	K	H	J	I	D	E
E	S	L	S	D	P	H	K	S	T	I	Y	H	F	J	O	J	X	O
X	N	P	S	U	B	H	W	E	N	D	Y	A	T	S	B	I	I	J
J	Q	J	E	Y	I	J	R	Z	L	D	M	X	S	O	Q	K	R	L
Q	W	B	T	U	W	G	L	W	A	I	S	Z	I	J	G	J	X	P
T	H	Q	S	E	V	U	X	C	L	O	Y	W	V	L	O	H	H	B
A	P	S	N	I	E	R	S	I	P	U	N	O	S	T	O	T	S	L
O	H	H	E	R	L	O	E	Q	K	K	J	R	D	Y	W	D	U	W
H	E	Q	I	M	S	D	L	P	S	A	P	E	R	Z	L	K	A	L
B	S	Z	P	M	H	N	R	N	N	U	T	G	C	C	T	C	R	D
W	C	C	O	O	M	E	R	U	E	L	Z	R	K	V	E	L	O	T
V	Z	H	A	N	U	E	Y	I	E	G	F	E	U	H	J	F	V	D
S	V	C	M	F	Q	M	R	A	B	L	E	N	L	W	U	F	M	W
C	L	I	S	E	N	E	H	H	E	Q	M	Z	M	E	V	H	N	C
A	B	D	A	X	O	E	F	Z	Q	A	W	E	R	R	N	N	U	U
X	W	A	X	R	B	W	Y	R	A	K	U	N	Q	A	J	H	R	Q

7

DENKT VORAUS
SETZT GRENZEN
IMMER FUER DICH DA
FAMILIE IST PRIO EINS
BEHAELT GEHEIMNISSE FUER SICH

LIEBENSWERT
INSPIRATION
ZUHOERERIN
EINHEIT
HELFEN

Lösung

L F I U O S A U W G F Y S K D R X Z X
M U J G S T V N P B H O K T O S H N W
I T M E C Z X W R F J A K C N J V G A
X F M H L T Y S R A A N D L B O Y D K
H Z F E P E W L D M E D N W W N L X L
Y Y T I Q S N L O D N W R Z H K S Q Q
H S Q M Q G P N Y K V U S B L L G L X
C K Z N M B O Z M E T R I N V O E J Q
D C G I P J B F F T B S C K H J I D E
E S L S D P H K S T I Y H F J O J X O
X N P S U B H W E N D Y A T S B I I J
J Q J E Y I J R Z L D M X S O Q K R L
Q W B T U W G L W A I S Z I J G J X P
T H Q S E V U X C L O Y W V L O H H B
A P S N I E R S I P U N O S T O T S L
O H H E R L O E Q K K J R D Y W D U W
H E Q I M S D L P S A P E R Z L K A L
B S Z P M H N R N N U T G C C T C R D
W C C O O M E R U E L Z R K V E L O T
V Z H A N U E Y I E G F E U H J F V D
S V C M F Q M R A B L E N L W U F M W
C L I S E N E H H E Q M Z M E V H N C
A B D A X O E F Z Q A W E R R N N U U
X W A X R B W Y R A K U N Q A J H R Q

Z	R	H	J	V	D	S	K	F	N	M	F	V	Y	H	O	I	B	Q
J	P	N	S	I	P	L	M	X	X	T	Q	T	H	K	G	B	C	E
O	T	E	Y	V	H	C	I	A	C	W	H	D	K	X	H	P	E	V
A	I	D	N	I	E	L	P	D	R	K	Q	O	K	N	C	C	M	P
N	A	Y	T	E	F	R	F	W	N	Z	E	G	Z	D	E	Q	I	T
H	Q	R	I	R	F	X	T	E	L	F	G	W	F	R	N	D	R	H
N	P	P	M	A	X	F	D	R	M	Q	M	G	L	E	R	W	C	I
U	Z	Q	T	U	M	N	O	E	A	K	X	I	J	T	N	O	S	P
B	Y	H	N	P	E	S	Y	F	Z	G	X	N	X	L	X	E	L	F
L	H	C	Q	P	E	E	P	N	E	D	E	R	E	L	S	D	G	R
U	O	I	S	E	X	I	B	L	X	A	L	N	P	N	R	W	B	A
Q	S	S	K	N	W	T	E	E	Z	S	S	B	G	J	N	U	P	D
G	U	Z	Q	E	M	E	I	C	U	V	R	O	B	A	N	E	M	E
R	I	D	T	X	B	R	Y	G	L	X	F	M	U	A	Z	L	O	X
J	G	L	H	A	P	O	L	V	K	L	A	L	G	A	T	Z	M	K
T	A	O	L	O	L	R	A	T	G	E	B	E	R	I	N	L	D	T
V	X	V	G	T	J	P	N	E	G	N	U	M	R	A	M	U	S	J
S	V	V	D	M	J	V	R	R	K	J	X	R	K	Y	M	O	I	C
Q	R	D	V	B	E	Z	I	E	H	U	N	G	F	E	R	G	A	M
A	S	N	L	Z	F	Y	G	X	K	S	W	K	J	T	B	F	M	O
Y	C	I	A	N	E	S	B	Y	C	N	L	T	I	R	Y	C	P	E
B	Z	I	R	A	L	Y	X	H	P	V	A	W	S	Q	L	U	C	Y
E	O	J	W	Q	C	T	C	E	P	K	S	E	I	T	E	V	E	F
Y	A	K	M	T	E	W	J	C	W	A	H	J	R	V	P	R	Q	V

8

SEITE AN SEITE
TROST SPENDEN
SICH VERTRAGEN
OFFEN REDEN KOENNEN
BEI DIR DARF ICH ICH SEIN

UMARMUNGEN
RATGEBERIN
ANKERPLATZ
BEZIEHUNG
DENKT MIT

Lösung

Z R H J V D S K F N M F V Y H O I B Q

J P N S I P L M X X T Q T H K G B C E

O T E Y V H C I A C W H D K X H P E V

A I D N I E L P D R K Q O K N C C M P

N A Y T E F R F W N Z E G Z D E Q I T

H Q R I R F X T E L F G W F R N D R H

N P P M A X F D R M Q M G L E R W C I

U Z Q T U M N O E A K X I J T N O S P

B Y H N P E S Y F Z G X N X L X E L F

L H C Q P E E P N E D E R E L S D G R

U O I S E X I B L X A L N P N R W B A

Q S S K N W T E E Z S S B G J N U P D

G U Z Q E M E I C U V R O B A N E M E

R I D T X B R Y G L X F M U A Z L O X

J G L H A P O L V K L A L G A T Z M K

T A O L O L R A T G E B E R I N L D T

V X V G T J P N E G N U M R A M U S J

S V V D M J V R R K J X R K Y M O I C

Q R D V B E Z I E H U N G F E R G A M

A S N L Z F Y G X K S W K J T B F M O

Y C I A N E S B Y C N L T I R Y C P E

B Z I R A L Y X H P V A W S Q L U C Y

E O J W Q C T C E P K S E I T E V E F

Y A K M T E W J C W A H J R V P R Q V

J R H A L T C C H H D C J P E O B A L
E M E N I T N Q E W T X W J O L Q J L
I C H D O A C N F H H U N J T O N I S
U M A C J L G Y R B C Z X T K I E F M
U J Q V S E U Y M I I K N Q Z B F H K
G C Z O U D P C R T S S N E M E Y X D
B E L S L T E Y M N K X U P H X I H L
A V G E H T S G P N C Q T D Q M A N H
F X U J G Z M F E I E M Z L V B E T C
V Z G H G U K E T E U T I I G O G N S
A Y D Z C J M I V H R H F Q A E S K I
H F R Y X M H R N C P C W E N D S R T
T W B D V V R U F S U A C G W K A E A
E O I U Z A Y N F N E R H B F D S A M
G E G U H M S W H E H T D L P M N T S
V J Z E M A D A W N W N I J F Q Y I I
Z F A L V P Z O Z N B I F D W H S V R
K M J G D G Y O L O S E C P Y H S D A
I N T S N L P J C S N S N F Y T V N H
A J N M J E S S I M O R P M O K F R C
K H M S I N D N E A T S R E V Q H Q Y
W T C M N F V N Q B A O Y J C K X P Y
H U R I H E L F E R I N W V G Z C O V
W X A Q D V E R B U N D E N H E I T Y

9

ICH HAB DICH LIEB
HELFERIN IN DER NOT
RUECKSICHT NEHMEN
ENGE VERBUNDENHEIT
GEHT KOMPROMISSE EIN

CHARISMATISCH
SONNENSCHEIN
VERSTAENDNIS
EINTRACHT
KREATIV

Lösung

J R H A L T C C H H D C J P E O B A L
E M E N I T N Q E W T X W J O L Q J L
I C H D O A C N F H H U N J T O N I S
U M A C J L G Y R B C Z X T K I E F M
U J Q V S E U Y M I I K N Q Z B F H K
G C Z O U D P C R T S S N E M E Y X D
B E L S L T E Y M N K X U P H X I H L
A V G E H T S G P N C Q T D Q M A N H
F X U J G Z M F E I E M Z L V B E T C
V Z G H G U K E T E U T I I G O G N S
A Y D Z C J M I V H R H F Q A E S K I
H F R Y X M H R N C P C W E N D S R T
T W B D V V R U F S U A C G W K A E A
E O I U Z A Y N F N E R H B F D S A M
G E G U H M S W H E H T D L P M N T S
V J Z E M A D A W N W N I J F Q Y I I
Z F A L V P Z O Z N B I F D W H S V R
K M J G D G Y O L O S E C P Y H S D A
I N T S N L P J C S N S N F Y T V N H
A J N M J E S S I M O R P M O K F R C
K H M S I N D N E A T S R E V Q H Q Y
W T C M N F V N Q B A O Y J C K X P Y
H U R I H E L F E R I N W V G Z C O V
W X A Q D V E R B U N D E N H E I T Y

A P J B W Y W I O F Z U V K I Y K Q W
Q B Z A A S J P W F G P E I E Z I M H
B N X J F Q M I N H I L X M K M O Y Z
M D J A V X R O X D A X Z F Q O U M P
U E R H E T E D N E U B R E V E N T Z
U C S C G R E N Z E N B H S B I F R S
A N J I A Z B S M L A H T E R X G E I
J D M L Y S D P L N A Y R E D Y J I C
N V W Z J H H O E B Z G H E D W D T G
E L Q R F M V R E S Y C I R V R C K V
P D Q E K R K N W V A N U B F R Y E Y
H N L H E E V Y I M E B Q Z H U G P I
I Y A D N A O M T M S Q U U L T L S G
O B N N I H V U A C B H I K N V F E E
C U U J S X M S O S I C Z U E D U R F
W N B G X W C S M Q N J D N H E E S U
G E B O R G E N O E F I W F C W H P E
D T N S B I U U S W O S E T A W L R H
F W B I O F A H B K L T Q M L V E I L
A F G P N S K B O F T Y D P E Y X C C
Q O R R S J R K G E A B N H L G H H A
V L L O T T G I E Z B Z Y I L E B T W
O V T S S S N M G P R V F D X Z L Q G
M M I C H S D E V S E C M S Y X L M C

10

WIR GEFUEHL HABEN
ZEIGT ANERKENNUNG
RESPEKTIERT GRENZEN
FUEHLE MICH GEBORGEN
SPRICHT UEBER DEINE ZUKUNFT

GEMEINSAM LACHEN
WUNDERVOLL TOLL
MUTMACHERIN
VERBUENDETE
HERZLICH

Lösung

A	P	J	B	W	Y	W	I	O	F	Z	U	V	K	I	Y	K	Q	W
Q	B	Z	A	A	S	J	P	W	F	G	P	E	I	E	Z	I	M	H
B	N	X	J	F	Q	M	I	N	H	I	L	X	M	K	M	O	Y	Z
M	D	J	A	V	X	R	O	X	D	A	X	Z	F	Q	O	U	M	P
U	E	R	H	E	T	E	D	N	E	U	B	R	E	V	E	N	T	Z
U	C	S	C	G	R	E	N	Z	E	N	B	H	S	B	I	F	R	S
A	N	J	I	A	Z	B	S	M	L	A	H	T	E	R	X	G	E	I
J	D	M	L	Y	S	D	P	L	N	A	Y	R	E	D	Y	J	I	C
N	V	W	Z	J	H	H	O	E	B	Z	G	H	E	D	W	D	T	G
E	L	Q	R	F	M	V	R	E	S	Y	C	I	R	V	R	C	K	V
P	D	Q	E	K	R	K	N	W	V	A	N	U	B	F	R	Y	E	Y
H	N	L	H	E	E	V	Y	I	M	E	B	Q	Z	H	U	G	P	I
I	Y	A	D	N	A	O	M	T	M	S	Q	U	U	L	T	L	S	G
O	B	N	N	I	H	V	U	A	C	B	H	I	K	N	V	F	E	E
C	U	U	J	S	X	M	S	O	S	I	C	Z	U	E	D	U	R	F
W	N	B	G	X	W	C	S	M	Q	N	J	D	N	H	E	E	S	U
G	E	B	O	R	G	E	N	O	E	F	I	W	F	C	W	H	P	E
D	T	N	S	B	I	U	U	S	W	O	S	E	T	A	W	L	R	H
F	W	B	I	O	F	A	H	B	K	L	T	Q	M	L	V	E	I	L
A	F	G	P	N	S	K	B	O	F	T	Y	D	P	E	Y	X	C	C
Q	O	R	R	S	J	R	K	G	E	A	B	N	H	L	G	H	H	A
V	L	L	O	T	T	G	I	E	Z	B	Z	Y	I	L	E	B	T	W
O	V	T	S	S	S	N	M	G	P	R	V	F	D	X	Z	L	Q	G
M	M	I	C	H	S	D	E	V	S	E	C	M	S	Y	X	L	M	C

O O Q I I R F Q J L F K X Z Q H K H T
J Y E Q A S A Q F W Y J B J C C A B I
Y T N U H N U L E P S A S I I Y W L E
R D X M Q A R I X R A F S L Z E A U H
R T V O L O N T I P P S B I I C P A N
X Q M I K E M K K A T T D N H W A D E
N L T K N E I U C J H G E E R I B N G
G Y V I M I X M V C L N N U S Z N P E
D T F I X P V U I B F O S N T X U I L
B V T O P F D L U A W G J S B L V H E
R Y B D E A R U I T P R Z T E I E U G
S E L Z S A N R V S V M K B I E R V N
T X I S A D M D Y U Z W C O L B B G A
Z N Y Y N N J B G E N G P Z M E R V S
G R X Z X I M N D I O Y U V Z V I Y N
O N M V O Q E T R A B E A O H O N C E
V V K O E N U O T J E T T B M L G G Z
Q G D B N L D G O E M I T N B L T U R
D Q V E Y V A B Q N D S I E I D A T E
I O O K C S C H G R S X D X N E L B H
R K F B R V Y U F O X U L N O W M A X
E Z I H O G E V W V K J A A Y O B E D
Z G E D C B F N A C H S I C H T I G G
V E R L A S S E N N O Z O D C K K W L

11

HERZENSANGELEGENHEIT
GIBT GUT GEMEINTE TIPPS
SICH VERLASSEN KOENNEN
SAGT DASS SIE EINEN LIEBT
VERBRINGT QUALITY TIME MIT DIR
LACHEN UND WEINEN
NACHSICHTIG
LICHTBLICK
LIEBEVOLL
FAIR

Lösung

O	O	Q	I	I	R	F	Q	J	L	F	K	X	Z	Q	H	K	H	T
J	Y	E	Q	A	S	A	Q	F	W	Y	J	B	J	C	C	A	B	I
Y	T	N	U	H	N	U	L	E	P	S	A	S	I	I	Y	W	L	E
R	D	X	M	Q	A	R	I	X	R	A	F	S	L	Z	E	A	U	H
R	T	V	O	L	O	N	T	I	P	P	S	B	I	I	C	P	A	N
X	Q	M	I	K	E	M	K	K	A	T	T	D	N	H	W	A	D	E
N	L	T	K	N	E	I	U	C	J	H	G	E	E	R	I	B	N	G
G	Y	V	I	M	I	X	M	V	C	L	N	N	U	S	Z	N	P	E
D	T	F	I	X	P	V	U	I	B	F	O	S	N	T	X	U	I	L
B	V	T	O	P	F	D	L	U	A	W	G	J	S	B	L	V	H	E
R	Y	B	D	E	A	R	U	I	T	P	R	Z	T	E	I	E	U	G
S	E	L	Z	S	A	N	R	V	S	V	M	K	B	I	E	R	V	N
T	X	I	S	A	D	M	D	Y	U	Z	W	C	O	L	B	B	G	A
Z	N	Y	Y	N	N	J	B	G	E	N	G	P	Z	M	E	R	V	S
G	R	X	Z	X	I	M	N	D	I	O	Y	U	V	Z	V	I	Y	N
O	N	M	V	O	Q	E	T	R	A	B	E	A	O	H	O	N	C	E
V	V	K	O	E	N	U	O	T	J	E	T	T	B	M	L	G	G	Z
Q	G	D	B	N	L	D	G	O	E	M	I	T	N	B	L	T	U	R
D	Q	V	E	Y	V	A	B	Q	N	D	S	I	E	I	D	A	T	E
I	O	O	K	C	S	C	H	G	R	S	X	D	X	N	E	L	B	H
R	K	F	B	R	V	Y	U	F	O	X	U	L	N	O	W	M	A	X
E	Z	I	H	O	G	E	V	W	V	K	J	A	A	Y	O	B	E	D
Z	G	E	D	C	B	F	N	A	C	H	S	I	C	H	T	I	G	G
V	E	R	L	A	S	S	E	N	N	O	Z	O	D	C	K	K	W	L

H	Q	O	P	U	Z	X	G	I	T	U	M	Q	O	B	Y	C	L	F
X	T	J	F	T	E	D	A	N	K	B	A	R	U	E	O	R	A	B
N	Y	D	T	V	B	L	I	N	D	C	B	L	C	O	C	O	O	K
W	P	R	Q	Y	C	K	Q	E	U	G	M	J	N	C	S	R	Q	L
D	P	U	Q	J	B	C	S	B	X	X	P	R	O	J	E	K	T	E
K	H	C	S	N	E	M	N	E	I	L	I	M	A	F	N	L	J	V
L	G	Z	O	I	G	U	H	S	K	Y	H	N	E	B	H	Z	M	E
C	R	G	L	G	O	G	U	G	P	I	U	L	M	V	R	O	J	L
U	F	E	N	L	D	O	M	E	W	R	N	H	A	R	V	K	R	T
L	W	S	F	E	H	X	N	J	J	E	G	J	S	W	L	D	O	E
S	D	Y	P	G	N	N	M	Z	R	Z	K	A	N	A	X	Q	V	R
U	J	V	Q	M	V	N	I	G	P	F	V	L	I	E	S	R	C	N
P	A	B	K	P	S	D	E	R	Y	P	N	H	E	R	S	P	W	T
U	S	A	B	B	N	I	G	O	E	N	H	R	M	M	O	N	L	E
S	D	P	K	Y	A	E	W	B	K	Z	E	Y	E	E	E	I	B	I
R	U	G	N	I	C	L	X	N	K	U	T	U	G	L	K	E	C	L
Z	E	J	W	Q	I	N	E	J	O	M	T	E	A	N	V	S	G	M
Q	R	P	R	R	T	C	U	H	B	O	R	J	U	R	C	T	Z	Q
Y	F	N	U	U	J	X	S	H	S	K	H	K	H	H	T	Q	D	Q
S	I	Q	U	C	V	U	C	Q	G	W	R	N	K	A	C	R	S	X
W	R	I	U	Y	M	V	I	O	Z	E	J	S	K	L	V	S	E	O
V	X	U	L	B	V	M	I	W	B	K	C	H	B	R	U	G	E	V
V	Q	U	X	R	W	T	Z	D	Y	E	U	N	D	A	G	L	C	B
K	V	E	R	G	E	B	E	N	O	T	G	X	X	P	A	F	S	F

12

FREUD UND LEID
FAMILIENMENSCH
BLIND VERTRAUEN
VERGEBEN KOENNEN
GEMEINSAME PROJEKTE

BESCHUETZERIN
DANKBAR SEIN
ELTERNTEIL
WAERME
MUTIG

Lösung

H	Q	O	P	U	Z	X	G	I	T	U	M	Q	O	B	Y	C	L	F
X	T	J	F	T	E	D	A	N	K	B	A	R	U	E	O	R	A	B
N	Y	D	T	V	B	L	I	N	D	C	B	L	C	O	C	O	O	K
W	P	R	Q	Y	C	K	Q	E	U	G	M	J	N	C	S	R	Q	L
D	P	U	Q	J	B	C	S	B	X	X	P	R	O	J	E	K	T	E
K	H	C	S	N	E	M	N	E	I	L	I	M	A	F	N	L	J	V
L	G	Z	O	I	G	U	H	S	K	Y	H	N	E	B	H	Z	M	E
C	R	G	L	G	O	G	U	G	P	I	U	L	M	V	R	O	J	L
U	F	E	N	L	D	O	M	E	W	R	N	H	A	R	V	K	R	T
L	W	S	F	E	H	X	N	J	J	E	G	J	S	W	L	D	O	E
S	D	Y	P	G	N	N	M	Z	R	Z	K	A	N	A	X	Q	V	R
U	J	V	Q	M	V	N	I	G	P	F	V	L	I	E	S	R	C	N
P	A	B	K	P	S	D	E	R	Y	P	N	H	E	R	S	P	W	T
U	S	A	B	B	N	I	G	O	E	N	H	R	M	M	O	N	L	E
S	D	P	K	Y	A	E	W	B	K	Z	E	Y	E	E	E	I	B	I
R	U	G	N	I	C	L	X	N	K	U	T	U	G	L	K	E	C	L
Z	E	J	W	Q	I	N	E	J	O	M	T	E	A	N	V	S	G	M
Q	R	P	R	R	T	C	U	H	B	O	R	J	U	R	C	T	Z	Q
Y	F	N	U	U	J	X	S	H	S	K	H	K	H	H	T	Q	D	Q
S	I	Q	U	C	V	U	C	Q	G	W	R	N	K	A	C	R	S	X
W	R	I	U	Y	M	V	I	O	Z	E	J	S	K	L	V	S	E	O
V	X	U	L	B	V	M	I	W	B	K	C	H	B	R	U	G	E	V
V	Q	U	X	R	W	T	Z	D	Y	E	U	N	D	A	G	L	C	B
K	V	E	R	G	E	B	E	N	O	T	G	X	X	P	A	F	S	F

B H E Z G L N J Z P T S G H M P N K Q
G P N H C I S Y S R V E D L T D E F L
Z B E G E Y K J Y N M E S R A H H C X
F R A L O B Y S Y E I P D D S G M N I
H D T Q M U W Q I N S N N C E N E X W
D Q U E E D Z N E X I U P R I U N T O
E D F E E K S R P J C N I E S N I U G
T D E L R I N S G F H F N I L N S N N
A R H X N F L A B X L P U H N E K D I
I S Z N M K E P E Y F U O W T K E U I
L W Z P P Y U N Z H W Y F O V R M M M
S S D F P M H U Q D E Z U Y C E H I G
E U V S P X F G T T D N A B D N Q S D
N L M U D R C A D O W P I I Q A S C X
D N E H Y M O C T A F G C I N L A R W
P D M T X T C R D E N H K E G N S H V
S N R E G Y T K R E M G R S E G N E Z
H O E R T M C Z T B U A L G B A R E B
G O Q N K N L D B B G F W E Y T I X I
A N G I E G N B E D W R V O M T Q N G
M E T M C B T N K S X V Y N E G A L K
K B Q M E I N F A L L S R E I C H E X
E E B T X J M D K X Q C R H S M J B T
D G L E I D M E N V P J T C X G K F G

13

NIMMT SICH ZEIT
GEBEN UND NEHMEN
GERN IN DEINER NAEHE
SEIN LEID KLAGEN DUERFEN
HOERT ZU UND MERKT SICH DETAILS

GLAUBT AN DICH
ANERKENNUNG
EINFALLSREICH
ENGES BAND
GEMEINSINN

Lösung

B H E Z G L N J Z P T S G H M P N K Q
G P N H C I S Y S R V E D L T D E F L
Z B E G E Y K J Y N M E S R A H H C X
F R A L O B Y S Y E I P D D S G M N I
H D T Q M U W Q I N S N N C E N E X W
D Q U E E D Z N E X I U P R I U N T O
E D F E E K S R P J C N I E S N I U G
T D E L R I N S G F H F N I L N S N N
A R H X N F L A B X L P U H N E K D I
I S Z N M K E P E Y F U O W T K E U I
L W Z P P Y U N Z H W Y F O V R M M M
S S D F P M H U Q D E Z U Y C E H I G
E U V S P X F G T T D N A B D N Q S D
N L M U D R C A D O W P I I Q A S C X
D N E H Y M O C T A F G C I N L A R W
P D M T X T C R D E N H K E G N S H V
S N R E G Y T K R E M G R S E G N E Z
H O E R T M C Z T B U A L G B A R E B
G O Q N K N L D B B G F W E Y T I X I
A N G I E G N B E D W R V O M T Q N G
M E T M C B T N K S X V Y N E G A L K
K B Q M E I N F A L L S R E I C H E X
E E B T X J M D K X Q C R H S M J B T
D G L E I D M E N V P J T C X G K F G

S	T	T	X	B	M	I	O	B	T	L	O	K	M	A	L	U	R	G
Y	J	I	L	N	U	U	Q	D	M	N	B	R	H	E	U	H	R	Y
N	M	A	E	O	V	Y	Y	G	M	L	V	W	U	Y	R	B	U	E
U	B	E	E	K	W	W	J	U	S	W	J	V	X	H	F	M	E	H
V	S	F	H	C	G	B	Y	X	S	E	S	I	G	B	E	R	L	J
V	E	R	H	A	Q	I	G	J	P	N	Q	K	H	H	K	Z	C	S
O	V	R	L	G	L	N	R	X	T	C	X	N	E	L	H	L	N	D
G	N	L	T	Z	A	T	T	E	V	U	T	P	A	C	E	N	M	I
Q	M	Q	Y	R	M	R	E	C	O	M	M	E	Q	T	R	B	A	N
T	G	A	F	U	A	T	A	N	Y	H	R	A	O	A	M	Z	S	G
Y	T	N	T	O	R	U	E	B	Y	T	E	M	F	Y	R	Z	K	E
U	D	E	T	N	A	K	T	A	K	E	Q	G	L	D	O	S	R	F
N	J	D	U	R	T	S	Y	E	T	N	D	P	U	N	L	S	E	R
N	V	E	E	P	H	W	Q	U	V	I	A	E	T	Z	L	E	M	F
G	D	R	Y	K	W	A	Y	P	Q	T	R	D	O	A	P	R	F	F
W	E	S	A	N	A	B	W	N	X	D	V	A	E	A	T	T	U	E
U	L	U	M	S	E	A	O	E	B	A	N	S	D	B	P	S	A	G
D	K	A	O	G	P	U	O	X	B	E	S	G	W	I	Q	A	U	O
K	I	L	J	O	X	D	D	K	V	T	I	U	K	R	L	T	H	R
T	Y	C	V	W	O	I	R	K	F	R	C	A	M	P	N	O	S	O
Y	H	T	A	U	U	M	P	B	G	B	I	P	L	C	L	M	S	K
K	F	X	K	W	A	L	L	E	S	K	O	E	N	N	E	R	I	N
T	D	L	Q	P	K	X	X	M	F	S	J	U	P	X	I	Q	S	B
P	H	X	I	A	F	R	E	D	N	A	N	I	E	U	Z	E	C	O

14

ERKLAERT DINGE
ALLESKOENNERIN
LAESST AUSREDEN
ZUEINANDER HALTEN
BEWAHRT BEI STRESS RUHE
ZUGEHOERIGKEIT
AUFMERKSAM
SOLIDARITAET
VERTRAUTE
DANKBAR

Lösung

S T T X B M I O B T L O K M A L U R G
Y J I L N U U Q D M N B R H E U H R Y
N M A E O V Y Y G M L V W U Y R B U E
U B E E K W W J U S W J V X H F M E H
V S F H C G B Y X S E S I G B E R L J
V E R H A Q I G J P N Q K H H K Z C S
O V R L G L N R X T C X N E L H L N D
G N L T Z A T T E V U T P A C E N M I
Q M Q Y R M R E C O M M E Q T R B A N
T G A F U A T A N Y H R A O A M Z S G
Y T N T O R U E B Y T E M F Y R Z K E
U D E T N A K T A K E Q G L D O S R F
N J D U R T S Y E T N D P U N L S E R
N V E E P H W Q U V I A E T Z L E M F
G D R Y K W A Y P Q T R D O A P R F F
W E S A N A B W N X D V A E A T T U E
U L U M S E A O E B A N S D B P S A G
D K A O G P U O X B E S G W I Q A U O
K I L J O X D D K V T I U K R L T H R
T Y C V W O I R K F R C A M P N O S O
Y H T A U U M P B G B I P L C L M S K
K F X K W A L L E S K O E N N E R I N
T D L Q P K X X M F S J U P X I Q S B
P H X I A F R E D N A N I E U Z E C O

E	E	P	U	G	M	V	A	A	S	T	M	N	X	P	M	B	J	G
G	U	T	E	D	E	T	N	S	I	T	I	I	R	E	M	M	I	N
Q	V	U	D	I	I	W	R	E	V	Y	F	R	N	D	U	I	H	O
J	X	Y	G	S	S	Q	Z	M	T	K	P	E	Y	I	V	D	F	Z
J	O	V	A	K	U	M	C	I	I	M	X	L	B	U	A	D	J	N
E	A	N	F	U	E	F	T	C	E	G	K	H	A	T	J	I	Y	C
K	T	K	I	T	V	E	D	V	K	Z	K	E	L	E	E	B	W	Y
W	E	L	I	I	E	B	A	V	G	P	U	A	D	S	S	W	Z	I
M	J	X	H	E	Q	J	T	N	I	F	L	Z	C	D	B	Z	W	R
S	H	M	J	R	D	L	Z	U	R	L	N	R	D	N	B	R	R	O
G	H	K	T	E	D	G	A	G	E	I	E	E	A	Y	U	C	I	Q
O	O	M	S	N	O	R	P	A	O	C	G	N	L	P	O	Q	G	R
K	V	B	U	I	F	B	H	P	H	H	N	E	A	R	E	D	E	N
W	O	W	C	R	N	T	O	P	E	T	I	T	S	S	N	N	Y	C
S	S	U	E	W	N	W	M	J	G	B	R	H	Z	I	M	E	H	V
V	V	P	J	K	Y	L	Q	T	N	E	B	C	E	C	A	L	J	Y
F	U	S	L	W	N	H	U	N	E	W	R	I	F	W	S	L	G	V
S	X	O	A	L	L	E	S	M	M	U	E	H	R	Y	M	O	P	M
S	I	M	X	K	B	C	H	H	M	S	V	C	Y	D	I	W	Q	L
Q	M	A	C	D	V	K	R	C	A	S	I	S	R	D	E	L	F	B
F	P	N	D	B	J	N	O	O	S	T	H	E	K	G	M	H	R	S
L	I	U	I	O	E	F	H	M	U	E	C	G	D	H	E	O	P	H
R	A	P	D	Z	W	K	B	N	Z	I	G	J	B	F	G	W	Y	G
C	V	U	R	I	V	T	X	T	J	N	I	E	U	E	B	E	R	V

15

PFLICHTBEWUSST
UEBER ALLES REDEN
ZUSAMMENGEHOERIGKEIT
GEMEIMSAM ZEIT VERBRINGEN
GUTE GESCHICHTENERZAEHLERIN

WOHLWOLLEN
EIN GESCHENK
DISKUTIEREN
SUPERFRAU
IMMER DA

Lösung

E E P U G M V A A S T M N X P M B J G
G U T E D E T N S I T I I R E M M I N
Q V U D I I W R E V Y F R N D U I H O
J X Y G S S Q Z M T K P E Y I V D F Z
J O V A K U M C I I M X L B U A D J N
E A N F U E F T C E G K H A T J I Y C
K T K I T V E D V K Z K E L E E B W Y
W E L I I E B A V G P U A D S S W Z I
M J X H E Q J T N I F L Z C D B Z W R
S H M J R D L Z U R L N R D N B R R O
G H K T E D G A G E I E E A Y U C I Q
O O M S N O R P A O C G N L P O Q G R
K V B U I F B H P H H N E A R E D E N
W O W C R N T O P E T I T S S N N Y C
S S U E W N W M J G B R H Z I M E H V
V V P J K Y L Q T N E B C E C A L J Y
F U S L W N H U N E W R I F W S L G V
S X O A L L E S M M U E H R Y M O P M
S I M X K B C H H M S V C Y D I W Q L
Q M A C D V K R C A S I S R D E L F B
F P N D B J N O O S T H E K G M H R S
L I U I O E F H M U E C G D H E O P H
R A P D Z W K B N Z I G J B F G W Y G
C V U R I V T X T J N I E U E B E R V

G	E	M	E	I	N	S	A	M	K	E	I	T	I	M	V	V	I	L
D	K	Q	I	U	C	H	J	K	L	B	H	V	I	W	P	S	X	V
G	E	O	K	A	P	D	G	I	M	O	W	R	E	V	P	R	Q	O
Y	T	I	E	H	T	U	A	R	T	R	E	V	N	G	D	C	R	N
Q	J	M	B	O	I	S	I	D	P	Y	G	W	E	H	T	U	A	T
X	O	P	J	D	O	J	E	K	H	K	U	E	B	X	Q	E	T	C
G	C	O	M	O	O	J	W	Y	M	B	N	Z	A	L	C	Y	G	Z
E	X	B	J	P	R	T	D	F	A	G	O	U	H	T	M	L	E	N
I	L	W	K	S	P	L	T	K	U	K	G	A	S	K	Q	U	B	S
D	L	C	U	M	E	B	E	N	U	C	A	K	Y	K	O	C	E	L
B	J	A	Q	N	L	E	H	D	E	T	B	V	C	Q	B	W	N	H
Z	R	S	I	Z	E	S	S	I	X	U	L	I	B	X	L	D	D	U
C	L	E	N	I	B	T	V	A	S	M	Q	O	V	J	V	J	B	F
S	G	A	Q	Z	I	E	R	J	Z	C	G	E	H	G	A	H	H	R
A	Q	V	W	Z	P	H	V	P	B	G	A	C	S	E	H	D	R	Y
O	F	E	V	E	R	S	P	R	E	C	H	E	N	N	G	M	Z	G
I	J	D	U	E	F	L	J	U	F	W	M	P	B	L	O	O	U	R
Q	N	O	G	U	X	Q	X	G	U	B	I	O	M	G	A	K	N	O
S	B	G	X	P	S	Y	D	V	S	G	I	P	M	H	K	V	E	H
A	V	I	B	G	N	U	R	E	H	C	I	E	R	E	B	O	I	R
D	L	U	D	E	K	H	Y	H	A	E	L	T	Z	Q	J	T	G	H
H	K	N	F	Q	S	K	G	S	T	A	R	K	E	M	I	K	U	D
A	T	V	Y	T	G	T	F	B	G	Q	I	Z	A	X	P	L	N	I
S	E	N	E	F	F	O	E	K	F	D	B	Z	H	I	O	P	G	Q

16

OFFENES OHR HABEN
EINE BEREICHERUNG
HAELT VERSPRECHEN
STARKE VERTRAUTHEIT
HOLT DAS BESTE AUS MIR RAUS

GEMEINSAMKEIT
KONSEQUENT
ZUNEIGUNG
RATGEBEND
DIE BESTE

Lösung

G E M E I N S A M K E I T I M V V I L
D K Q I U C H J K L B H V I W P S X V
G E O K A P D G I M O W R E V P R Q O
Y T I E H T U A R T R E V N G D C R N
Q J M B O I S I D P Y G W E H T U A T
X O P J D O J E K H K U E B X Q E T C
G C O M O O J W Y M B N Z A L C Y G Z
E X B J P R T D F A G O U H T M L E N
I L W K S P L T K U K G A S K Q U B S
D L C U M E B E N U C A K Y K O C E L
B J A Q N L E H D E T B V C Q B W N H
Z R S I Z E S S I X U L I B X L D D U
C L E N I B T V A S M Q O V J V J B F
S G A Q Z I E R J Z C G E H G A H H R
A Q V W Z P H V P B G A C S E H D R Y
O F E V E R S P R E C H E N N G M Z G
I J D U E F L J U F W M P B L O O U R
Q N O G U X Q X G U B I O M G A K N O
S B G X P S Y D V S G I P M H K V E H
A V I B G N U R E H C I E R E B O I R
D L U D E K H Y H A E L T Z Q J T G H
H K N F Q S K G S T A R K E M I K U D
A T V Y T G T F B G Q I Z A X P L N I
S E N E F F O E K F D B Z H I O P G Q

T P C T V U Y N S U P F G U P F O Z T
K I C N N W B J L N X G M O V O U O U
B P X Q C M B L Y C Z F X T E S N P K
O T R O S T A A W I B N J S P R U E E
N K H G X L N P E Q U V M R G X I S V
R R N J L D I I H L F N U H U O T D I
T M Z E V Z R E Y Q M C C F E U G H T
T B I E D D E F J V H I Z A W N J M K
L N V X M N T S W H S W V M U D V I U
A C E F F E A P P C Q E D Z M O R T R
H D T B R N R U Q S V I B J A Y I Y T
N L T I U R E Z T N X N N W R B P B S
E V L G H O B H F E I T I Z M E I B N
M F W B T P L J L M K E D J E G O H O
M U B D D S Z X E S V Z L L N W Q P K
A I X F T N N D K G K B E Y D F X E Z
S G Z R C A O I X N Q T H M D V H Y D
U X G M Z M T T U I T D R X N B B W T
Z K G I V I Q U S L O W E P L M G V W
X X V L R S G P D B V U P P Y C I W U
I C S K P K M I T E U P U B A F Y C T
N K B Q S R V C P I J I S M A Q V Z X
A M F Y E B R V S L J P G E T K W T P
V W H U B U V G V F C G W D J V S I I

17

WEINT MIT DIR
ZUSAMMENHALT
LIEBLINGSMENSCH
TROST UND ZUSPRUCH
GIBT KONSTRUKTIVE KRITIK

SICH UMARMEN
SUPERHELDIN
ANSPORNEND
NIE ALLEIN
BERATERIN

Lösung

T P C T V U Y N S U P F G U P F O Z T
K I C N N W B J L N X G M O V O U O U
B P X Q C M B L Y C Z F X T E S N P K
O T R O S T A A W I B N J S P R U E E
N K H G X L N P E Q U V M R G X I S V
R R N J L D I I H L F N U H U O T D I
T M Z E V Z R E Y Q M C C F E U G H T
T B I E D D E F J V H I Z A W N J M K
L N V X M N T S W H S W V M U D V I U
A C E F F E A P P C Q E D Z M O R T R
H D T B R N R U Q S V I B J A Y I Y T
N L T I U R E Z T N X N N W R B P B S
E V L G H O B H F E I T I Z M E I B N
M F W B T P L J L M K E D J E G O H O
M U B D D S Z X E S V Z L L N W Q P K
A I X F T N N D K G K B E Y D F X E Z
S G Z R C A O I X N Q T H M D V H Y D
U X G M Z M T T U I T D R X N B B W T
Z K G I V I Q U S L O W E P L M G V W
X X V L R S G P D B V U P P Y C I W U
I C S K P K M I T E U P U B A F Y C T
N K B Q S R V C P I J I S M A Q V Z X
A M F Y E B R V S L J P G E T K W T P
V W H U B U V G V F C G W D J V S I I

N L C D I R B R D W A S W J M B Z E V
S O F O R T I E K G I D N E A T S E B
M W C H N I B P A U F T P O L D L E V
M B C Q D J Z J F A V M X I J R G G I
G I D L U D E G L E Y A M W P H E P E
D E Z P Z H W I R O E E P N C H M I D
A M L P S H K L M H P V B E T S U Y F
W O O W L R A R E T S P Z D M X E A J
A T C F E S T H E I S W R I F E T Z D
I I U S S L U P B R U K V E S D L I N
W O S B Y U J J P J C F N H Z I I S H
G N O M N G Z T G X K F E C R V C T V
S A E S I E H F Z V F T U S X S H N Z
L L X Q Z A S V H H O H A E S C K N C
T W L Y U I J X N Y J C R B B G E X D
H S G F T T Y F A J U E T P G H I Q L
Y A A T H O U S N W P L R A P D T X M
F G Q Z Y A D G N G Y H E S T I T K D
E K T W P V S A B H P C V S K O J D F
G E M E I N S A M E N S H T U C C E M
W Y F Q N E Z T E A H C S H F Q E N Y
N A K V Z Y A N B R S U I A I X T K C
W I M F B K O X S G F A T G S Y D K Q
A Y A Z J S H N F T N E M O M V J O T

18

BESTAENDIGKEIT
AUF SIE IST VERLASS
PASST AUF DICH AUF
DEN GEMEINSAMEN MOMENT SCHAETZEN
SIEHT SOFORT ES GEHT DIR SCHLECHT

GEMUETLICHKEIT
BESCHEIDEN
VERTRAUEN
EMOTIONAL
GEDULDIG

Lösung

N	L	C	D	I	R	B	R	D	W	A	S	W	J	M	B	Z	E	V
S	O	F	O	R	T	I	E	K	G	I	D	N	E	A	T	S	E	B
M	W	C	H	N	I	B	P	A	U	F	T	P	O	L	D	L	E	V
M	B	C	Q	D	J	Z	J	F	A	V	M	X	I	J	R	G	G	I
G	I	D	L	U	D	E	G	L	E	Y	A	M	W	P	H	E	P	E
D	E	Z	P	Z	H	W	I	R	O	E	E	P	N	C	H	M	I	D
A	M	L	P	S	H	K	L	M	H	P	V	B	E	T	S	U	Y	F
W	O	O	W	L	R	A	R	E	T	S	P	Z	D	M	X	E	A	J
A	T	C	F	E	S	T	H	E	I	S	W	R	I	F	E	T	Z	D
I	I	U	S	S	L	U	P	B	R	U	K	V	E	S	D	L	I	N
W	O	S	B	Y	U	J	J	P	J	C	F	N	H	Z	I	I	S	H
G	N	O	M	N	G	Z	T	G	X	K	F	E	C	R	V	C	T	V
S	A	E	S	I	E	H	F	Z	V	F	T	U	S	X	S	H	N	Z
L	L	X	Q	Z	A	S	V	H	H	O	H	A	E	S	C	K	N	C
T	W	L	Y	U	I	J	X	N	Y	J	C	R	B	B	G	E	X	D
H	S	G	F	T	T	Y	F	A	J	U	E	T	P	G	H	I	Q	L
Y	A	A	T	H	O	U	S	N	W	P	L	R	A	P	D	T	X	M
F	G	Q	Z	Y	A	D	G	N	G	Y	H	E	S	T	I	T	K	D
E	K	T	W	P	V	S	A	B	H	P	C	V	S	K	O	J	D	F
G	E	M	E	I	N	S	A	M	E	N	S	H	T	U	C	C	E	M
W	Y	F	Q	N	E	Z	T	E	A	H	C	S	H	F	Q	E	N	Y
N	A	K	V	Z	Y	A	N	B	R	S	U	I	A	I	X	T	K	C
W	I	M	F	B	K	O	X	S	G	F	A	T	G	S	Y	D	K	Q
A	Y	A	Z	J	S	H	N	F	T	N	E	M	O	M	V	J	O	T

DAS

VATER

WORTSUCHRÄTSEL BUCH

V	A	N	R	Q	S	R	J	T	Y	S	C	I	F	D	Z	T	S	M
B	E	T	M	F	I	W	L	J	A	L	T	L	N	K	I	G	N	Y
S	Z	J	E	B	J	U	B	R	W	S	K	K	O	Z	J	E	A	N
A	F	Z	W	I	R	Q	L	X	G	M	I	B	W	U	P	D	Y	J
G	R	S	X	N	N	C	Y	M	N	C	S	Y	T	W	L	U	J	R
W	S	N	A	I	C	L	H	D	J	Q	Y	T	E	C	C	L	T	H
E	E	W	P	E	R	F	I	W	F	L	H	N	F	B	R	D	M	Z
H	E	I	A	L	L	E	I	N	V	D	C	A	K	B	V	I	M	C
G	L	T	S	I	M	J	S	Z	D	U	I	F	N	M	F	G	E	D
B	E	N	F	R	E	I	Z	E	I	T	S	N	E	I	S	A	T	C
O	N	H	V	A	D	C	K	A	L	K	B	D	H	Q	D	U	K	H
E	T	O	T	O	U	E	A	Z	D	J	E	V	C	J	N	W	E	Q
E	A	W	W	N	X	T	Y	P	W	X	T	Q	S	V	X	L	D	Y
H	N	A	A	G	B	N	E	X	O	G	Y	V	E	B	F	V	Q	D
P	K	U	G	V	Z	U	H	O	E	R	E	R	G	E	F	I	X	C
I	S	Q	Y	G	A	O	G	I	R	Y	J	Q	N	I	Q	H	I	F
H	T	V	H	M	S	U	S	J	C	W	S	K	X	S	K	U	Q	F
F	E	O	L	G	C	K	W	D	X	K	D	Z	U	K	I	O	X	I
H	L	O	M	S	V	K	J	E	Z	M	W	L	R	D	L	Z	N	V
E	L	C	S	X	J	I	R	R	Q	Q	H	U	Q	Z	L	E	I	J
N	E	X	Z	Z	F	U	E	R	S	O	R	G	L	I	C	H	E	I
J	A	M	I	W	S	U	G	N	E	M	R	A	M	U	G	X	M	S
M	M	V	F	U	W	H	N	K	O	M	P	R	O	M	I	S	S	E
V	G	U	I	F	J	D	V	A	T	N	I	M	I	D	Y	Q	U	S

1

EIN GESCHENK
FUERSORGLICH
SICH UMARMEN
SEELENTANKSTELLE
GEHT KOMPROMISSE EIN

ZUHOERER
NIE ALLEIN
GEDULDIG
FREIZEIT
HELFEN

Lösung

V	A	N	R	Q	S	R	J	T	Y	S	C	I	F	D	Z	T	S	M
B	E	T	M	F	I	W	L	J	A	L	T	L	N	K	I	G	N	Y
S	Z	J	E	B	J	U	B	R	W	S	K	K	O	Z	J	E	A	N
A	F	Z	W	I	R	Q	L	X	G	M	I	B	W	U	P	D	Y	J
G	R	S	X	N	N	C	Y	M	N	C	S	Y	T	W	L	U	J	R
W	S	N	A	I	C	L	H	D	J	Q	Y	T	E	C	C	L	T	H
E	E	W	P	E	R	F	I	W	F	L	H	N	F	B	R	D	M	Z
H	E	I	A	L	L	E	I	N	V	D	C	A	K	B	V	I	M	C
G	L	T	S	I	M	J	S	Z	D	U	I	F	N	M	F	G	E	D
B	E	N	F	R	E	I	Z	E	I	T	S	N	E	I	S	A	T	C
O	N	H	V	A	D	C	K	A	L	K	B	D	H	Q	D	U	K	H
E	T	O	T	O	U	E	A	Z	D	J	E	V	C	J	N	W	E	Q
E	A	W	W	N	X	T	Y	P	W	X	T	Q	S	V	X	L	D	Y
H	N	A	A	G	B	N	E	X	O	G	Y	V	E	B	F	V	Q	D
P	K	U	G	V	Z	U	H	O	E	R	E	R	G	E	F	I	X	C
I	S	Q	Y	G	A	O	G	I	R	Y	J	Q	N	I	Q	H	I	F
H	T	V	H	M	S	U	S	J	C	W	S	K	X	S	K	U	Q	F
F	E	O	L	G	C	K	W	D	X	K	D	Z	U	K	I	O	X	I
H	L	O	M	S	V	K	J	E	Z	M	W	L	R	D	L	Z	N	V
E	L	C	S	X	J	I	R	R	Q	Q	H	U	Q	Z	L	E	I	J
N	E	X	Z	Z	F	U	E	R	S	O	R	G	L	I	C	H	E	I
J	A	M	I	W	S	U	G	N	E	M	R	A	M	U	G	X	M	S
M	M	V	F	U	W	H	N	K	O	M	P	R	O	M	I	S	S	E
V	G	U	I	F	J	D	V	A	T	N	I	M	I	D	Y	Q	U	S

B	C	G	V	S	R	E	Z	N	H	Z	K	C	Z	W	L	D	J	I
Y	M	R	P	W	N	U	S	U	E	X	U	F	P	R	I	E	B	M
R	T	O	B	B	E	H	E	S	S	L	Y	S	D	E	S	B	W	C
L	J	S	G	O	Z	X	E	C	I	A	E	B	L	E	Z	U	C	B
N	E	S	B	F	N	Q	W	D	K	N	M	I	X	A	B	F	D	W
M	V	A	R	J	E	D	X	H	L	S	M	M	P	G	E	U	H	K
D	I	R	P	R	R	T	B	Z	A	T	I	I	E	S	L	W	Q	O
U	E	T	H	Y	G	D	E	P	G	Z	R	C	E	N	T	D	B	N
E	X	I	E	F	J	X	N	C	E	T	U	E	H	H	H	D	B	B
R	H	G	N	T	L	J	W	S	N	E	H	Q	C	T	E	A	B	I
F	O	F	F	Z	U	S	A	M	M	E	N	S	W	T	Q	G	L	H
E	N	E	G	A	R	T	R	E	V	Q	E	O	S	J	Z	N	V	T
N	A	Y	K	G	V	I	G	N	X	I	H	L	J	W	C	T	O	I
I	F	Z	X	N	P	H	U	E	N	Q	H	I	A	B	L	M	E	X
H	D	F	Z	U	S	O	B	H	K	A	E	D	T	R	Q	R	V	S
A	E	S	L	H	F	Z	S	M	J	N	B	A	U	G	B	B	C	H
D	M	I	H	E	I	N	P	E	O	C	H	R	F	T	T	J	I	W
L	N	C	A	I	A	M	X	N	X	H	F	I	W	D	T	S	C	D
X	H	H	L	Z	F	J	J	R	M	C	P	T	F	L	N	B	L	F
D	F	N	T	E	I	R	S	Q	H	Z	I	A	H	Z	I	H	X	C
O	S	T	L	B	G	X	T	L	E	A	H	E	B	S	Y	T	Q	F
M	U	T	V	K	E	B	R	W	H	K	Q	T	T	S	S	I	C	H
K	E	E	P	A	K	F	O	S	V	X	T	S	O	X	Z	J	D	P
Y	U	J	G	T	L	G	L	C	P	P	W	D	Q	R	E	U	F	V

2

ZUSAMMEN SPIELEN
DU BIST GROSSARTIG
RUECKSICHT NEHMEN
SEIN LEID KLAGEN DUERFEN
BEHAELT GEHEIMNISSE FUER SICH

SICH VERTRAGEN
ZUSAMMENHALT
SETZT GRENZEN
SOLIDARITAET
BEZIEHUNG

Lösung

B	C	G	V	S	R	E	Z	N	H	Z	K	C	Z	W	L	D	J	I
Y	M	R	P	W	N	U	S	U	E	X	U	F	P	R	I	E	B	M
R	T	O	B	B	E	H	E	S	S	L	Y	S	D	E	S	B	W	C
L	J	S	G	O	Z	X	E	C	I	A	E	B	L	E	Z	U	C	B
N	E	S	B	F	N	Q	W	D	K	N	M	I	X	A	B	F	D	W
M	V	A	R	J	E	D	X	H	L	S	M	M	P	G	E	U	H	K
D	I	R	P	R	R	T	B	Z	A	T	I	I	E	S	L	W	Q	O
U	E	T	H	Y	G	D	E	P	G	Z	R	C	E	N	T	D	B	N
E	X	I	E	F	J	X	N	C	E	T	U	E	H	H	H	D	B	B
R	H	G	N	T	L	J	W	S	N	E	H	Q	C	T	E	A	B	I
F	O	F	F	Z	U	S	A	M	M	E	N	S	W	T	Q	G	L	H
E	N	E	G	A	R	T	R	E	V	Q	E	O	S	J	Z	N	V	T
N	A	Y	K	G	V	I	G	N	X	I	H	L	J	W	C	T	O	I
I	F	Z	X	N	P	H	U	E	N	Q	H	I	A	B	L	M	E	X
H	D	F	Z	U	S	O	B	H	K	A	E	D	T	R	Q	R	V	S
A	E	S	L	H	F	Z	S	M	J	N	B	A	U	G	B	B	C	H
D	M	I	H	E	I	N	P	E	O	C	H	R	F	T	T	J	I	W
L	N	C	A	I	A	M	X	N	X	H	F	I	W	D	T	S	C	D
X	H	H	L	Z	F	J	J	R	M	C	P	T	F	L	N	B	L	F
D	F	N	T	E	I	R	S	Q	H	Z	I	A	H	Z	I	H	X	C
O	S	T	L	B	G	X	T	L	E	A	H	E	B	S	Y	T	Q	F
M	U	T	V	K	E	B	R	W	H	K	Q	T	T	S	S	I	C	H
K	E	E	P	A	K	F	O	S	V	X	T	S	O	X	Z	J	D	P
Y	U	J	G	T	L	G	L	C	P	P	W	D	Q	R	E	U	F	V

V	L	S	Q	O	A	G	Y	N	V	G	X	M	R	Q	X	M	N	F
X	W	Z	Q	Y	T	R	I	D	O	H	H	C	D	N	V	L	W	Q
N	I	X	F	F	B	M	E	Q	S	E	T	C	K	I	H	G	A	E
O	E	Q	X	G	M	R	T	A	Y	L	S	F	L	V	C	F	P	L
O	F	E	K	T	F	B	O	G	J	Y	C	H	A	N	H	H	W	I
A	E	N	G	S	T	E	E	T	S	E	B	H	O	R	P	E	P	E
N	J	G	O	Q	A	U	O	X	N	T	D	S	O	W	K	H	F	B
D	U	Y	Q	D	M	D	L	Q	E	E	Y	P	Q	M	P	J	M	E
R	I	O	R	S	N	A	E	I	A	W	T	M	L	S	Y	V	V	V
V	Y	R	T	U	X	Q	M	K	Z	S	P	U	Q	C	F	G	L	O
E	K	R	I	D	T	B	U	A	L	G	K	E	K	L	M	Z	T	L
R	C	R	A	U	J	A	K	X	J	O	W	R	W	E	I	N	T	L
T	D	R	W	P	Z	N	D	U	U	J	N	H	I	Z	U	A	W	A
R	T	T	S	B	P	F	V	K	E	G	E	M	E	I	M	S	A	M
A	P	P	N	E	G	N	I	R	B	R	E	V	J	A	T	P	A	H
U	S	S	U	L	H	C	S	N	E	M	M	A	S	U	Z	E	I	T
E	C	L	S	T	Y	A	Q	J	W	Y	O	B	H	D	J	U	K	Q
N	G	I	B	T	E	U	D	G	R	C	U	M	I	T	M	D	P	Q
B	W	Q	U	W	R	C	S	C	H	E	N	K	T	P	Z	R	B	X
Z	U	W	E	I	N	E	N	D	V	M	E	E	M	Y	A	I	A	X
H	V	W	S	U	T	L	H	P	N	E	K	T	V	P	J	O	E	Z
D	X	X	X	Y	B	F	D	Z	P	E	Q	W	L	A	D	P	Q	A
H	Z	B	W	X	M	L	G	R	D	P	M	I	J	I	N	Y	O	H
L	A	C	H	E	N	K	A	U	D	H	S	R	A	W	C	E	S	F

3

ZUSAMMENSCHLUSS
NIMMT DIR AENGSTE
LACHEN UND WEINEN
SCHENKT VERTRAUEN
GEMEIMSAM ZEIT VERBRINGEN

GLAUBT AN DICH
WEINT MIT DIR
GIBT KRAFT
LIEBEVOLL
DER BESTE

Lösung

V L S Q O A G Y N V G X M R Q X M N F
X W Z Q Y T R I D O H H C D N V L W Q
N I X F F B M E Q S E T C K I H G A E
O E Q X G M R T A Y L S F L V C F P L
O F E K T F B O G J Y C H A N H H W I
A E N G S T E E T S E B H O R P E P E
N J G O Q A U O X N T D S O W K H F B
D U Y Q D M D L Q E E Y P Q M P J M E
R I O R S N A E I A W T M L S Y V V V
V Y R T U X Q M K Z S P U Q C F G L O
E K R I D T B U A L G K E K L M Z T L
R C R A U J A K X J O W R W E I N T L
T D R W P Z N D U U J N H I Z U A W A
R T T S B P F V K E G E M E I M S A M
A P P N E G N I R B R E V J A T P A H
U S S U L H C S N E M M A S U Z E I T
E C L S T Y A Q J W Y O B H D J U K Q
N G I B T E U D G R C U M I T M D P Q
B W Q U W R C S C H E N K T P Z R B X
Z U W E I N E N D V M E E M Y A I A X
H V W S U T L H P N E K T V P J O E Z
D X X X Y B F D Z P E Q W L A D P Q A
H Z B W X M L G R D P M I J I N Y O H
L A C H E N K A U D H S R A W C E S F

P	M	V	N	A	Q	R	Q	M	F	U	P	D	M	N	N	Z	W	P
D	K	G	I	S	A	E	D	K	R	B	P	D	S	V	Z	P	S	P
P	W	L	N	E	Y	U	I	U	M	X	T	B	U	V	Z	R	T	F
B	N	T	E	I	G	Y	H	N	D	U	V	L	P	T	X	H	R	C
Z	U	M	H	N	S	E	K	N	F	E	J	U	L	U	R	N	E	O
E	S	W	C	Q	C	T	T	Z	B	U	W	P	U	I	Q	Q	S	T
S	W	T	A	Q	Y	S	A	P	C	E	E	A	Z	D	R	U	S	Z
F	G	F	M	O	N	S	O	W	V	C	W	H	W	M	B	H	Y	A
S	E	U	E	T	I	E	X	R	S	S	N	A	L	Z	X	W	B	E
Z	N	D	N	H	E	A	X	N	S	L	O	E	H	S	E	F	F	R
A	E	A	K	D	B	L	Z	Y	E	E	U	K	D	R	A	Z	M	T
N	A	N	U	C	W	L	L	I	L	U	N	F	Q	I	T	M	X	L
D	L	K	T	W	I	R	P	D	F	E	A	T	D	Q	H	G	B	I
M	P	B	P	M	X	L	B	B	H	H	V	R	U	H	C	X	T	C
A	J	A	U	T	S	B	B	I	K	W	C	E	T	E	S	E	F	H
S	M	R	D	Q	P	S	E	T	U	O	J	S	K	R	Q	J	H	E
N	E	E	Z	Y	A	Z	N	O	H	X	C	U	N	K	E	E	O	R
I	V	W	X	E	R	K	C	M	Q	C	V	B	E	E	W	V	L	R
E	D	Q	C	E	W	Q	N	F	Q	B	I	N	S	Z	M	Y	E	A
M	J	S	V	A	U	M	Z	M	F	U	E	L	E	N	G	V	F	T
E	T	K	F	Q	P	D	N	N	E	T	I	E	R	T	S	N	D	A
G	T	R	E	I	T	N	E	I	R	O	S	T	F	N	U	K	U	Z
O	O	X	I	V	H	G	P	V	A	U	S	R	E	D	E	N	V	N
G	T	Z	J	F	W	L	E	S	O	H	H	C	Z	M	Q	B	M	E

4

ZUKUNFTSORIENTIERT
ZAERTLICHER MENSCH
STREITEN UND VERZEIHEN
BEWAHRT BEI STRESS RUHE
GEMEINSAM PLAENE MACHEN

LAESST AUSREDEN
DANKBAR SEIN
EINFUEHLSAM
VERTRAUEN
LICHTBLICK

Lösung

P	M	V	N	A	Q	R	Q	M	F	U	P	D	M	N	N	Z	W	P
D	K	G	I	S	A	E	D	K	R	B	P	D	S	V	Z	P	S	P
P	W	L	N	E	Y	U	I	U	M	X	T	B	U	V	Z	R	T	F
B	N	T	E	I	G	Y	H	N	D	U	V	L	P	T	X	H	R	C
Z	U	M	H	N	S	E	K	N	F	E	J	U	L	U	R	N	E	O
E	S	W	C	Q	C	T	T	Z	B	U	W	P	U	I	Q	Q	S	T
S	W	T	A	Q	Y	S	A	P	C	E	E	A	Z	D	R	U	S	Z
F	G	F	M	O	N	S	O	W	V	C	W	H	W	M	B	H	Y	A
S	E	U	E	T	I	E	X	R	S	S	N	A	L	Z	X	W	B	E
Z	N	D	N	H	E	A	X	N	S	L	O	E	H	S	E	F	F	R
A	E	A	K	D	B	L	Z	Y	E	E	U	K	D	R	A	Z	M	T
N	A	N	U	C	W	L	L	I	L	U	N	F	Q	I	T	M	X	L
D	L	K	T	W	I	R	P	D	F	E	A	T	D	Q	H	G	B	I
M	P	B	P	M	X	L	B	B	H	H	V	R	U	H	C	X	T	C
A	J	A	U	T	S	B	B	I	K	W	C	E	T	E	S	E	F	H
S	M	R	D	Q	P	S	E	T	U	O	J	S	K	R	Q	J	H	E
N	E	E	Z	Y	A	Z	N	O	H	X	C	U	N	K	E	E	O	R
I	V	W	X	E	R	K	C	M	Q	C	V	B	E	E	W	V	L	R
E	D	Q	C	E	W	Q	N	F	Q	B	I	N	S	Z	M	Y	E	A
M	J	S	V	A	U	M	Z	M	F	U	E	L	E	N	G	V	F	T
E	T	K	F	Q	P	D	N	N	E	T	I	E	R	T	S	N	D	A
G	T	R	E	I	T	N	E	I	R	O	S	T	F	N	U	K	U	Z
O	O	X	I	V	H	G	P	V	A	U	S	R	E	D	E	N	V	N
G	T	Z	J	F	W	L	E	S	O	H	H	C	Z	M	Q	B	M	E

Y	E	K	I	B	K	U	R	E	X	H	T	I	M	W	B	L	K	N
U	N	T	E	R	S	T	U	E	T	Z	U	N	G	N	M	E	G	H
R	H	K	R	Q	K	E	U	N	E	N	N	E	O	K	I	N	I	F
Z	Y	J	T	I	A	W	N	H	Q	R	M	D	W	J	N	S	V	D
M	U	Q	X	U	N	M	D	R	Y	T	R	V	L	F	N	Q	A	P
T	Z	K	F	N	N	R	C	B	J	R	C	J	M	G	J	Z	V	S
N	Q	L	U	X	A	P	A	H	L	T	S	L	I	A	T	E	D	J
E	W	W	E	N	Y	B	G	R	W	J	J	Z	K	O	V	L	O	N
Z	Y	D	D	M	F	R	E	D	E	N	P	K	B	E	Y	F	S	Y
T	H	M	W	O	T	T	N	X	I	U	Y	J	J	X	E	N	L	E
E	C	S	T	L	P	C	H	A	R	I	S	M	A	T	I	S	C	H
S	I	C	H	C	I	F	V	P	L	I	R	H	N	P	T	D	F	U
R	S	U	K	M	T	H	H	F	N	E	N	M	T	T	E	V	M	N
E	P	R	N	I	L	H	H	S	B	E	M	H	H	U	M	H	P	E
V	Z	V	M	B	O	I	P	E	N	O	L	C	C	V	I	E	M	N
N	W	L	S	U	E	I	U	I	T	T	P	D	Y	S	Q	G	A	E
I	N	J	P	I	R	Z	E	T	R	J	X	C	M	J	N	Q	S	F
E	R	S	V	A	K	V	A	E	R	E	H	C	A	M	T	U	M	F
N	I	Z	T	P	K	F	O	H	Y	E	G	K	Q	D	T	C	D	O
I	D	I	F	O	G	H	N	C	L	Z	M	Y	V	T	E	I	F	F
H	O	Y	I	Y	K	G	F	T	L	B	B	E	E	A	Z	K	O	O
N	E	V	U	U	I	S	G	T	V	A	A	S	P	R	I	C	H	T
I	R	N	V	Y	A	E	T	K	E	J	O	R	P	Z	W	U	Z	A
F	E	M	A	S	N	I	E	M	E	G	M	E	R	K	T	U	R	D

5

GEMEINSAME PROJEKTE
UNTERSTUETZUNG
OFFEN REDEN KOENNEN
CHARISMATISCH
HOERT ZU UND MERKT SICH DETAILS
UNBEZAHLBAR
SPRICHT MIT DIR UEBER DIE ZUKUNFT
INSPIRATION
KANN SICH IN EINEN HINEINVERSETZEN
MUTMACHER

Lösung

Y	E	K	I	B	K	U	R	E	X	H	T	I	M	W	B	L	K	N
U	N	T	E	R	S	T	U	E	T	Z	U	N	G	N	M	E	G	H
R	H	K	R	Q	K	E	U	N	E	N	N	E	O	K	I	N	I	F
Z	Y	J	T	I	A	W	N	H	Q	R	M	D	W	J	N	S	V	D
M	U	Q	X	U	N	M	D	R	Y	T	R	V	L	F	N	Q	A	P
T	Z	K	F	N	N	R	C	B	J	R	C	J	M	G	J	Z	V	S
N	Q	L	U	X	A	P	A	H	L	T	S	L	I	A	T	E	D	J
E	W	W	E	N	Y	B	G	R	W	J	J	Z	K	O	V	L	O	N
Z	Y	D	D	M	F	R	E	D	E	N	P	K	B	E	Y	F	S	Y
T	H	M	W	O	T	T	N	X	I	U	Y	J	J	X	E	N	L	E
E	C	S	T	L	P	C	H	A	R	I	S	M	A	T	I	S	C	H
S	I	C	H	C	I	F	V	P	L	I	R	H	N	P	T	D	F	U
R	S	U	K	M	T	H	H	F	N	E	N	M	T	T	E	V	M	N
E	P	R	N	I	L	H	H	S	B	E	M	H	H	U	M	H	P	E
V	Z	V	M	B	O	I	P	E	N	O	L	C	C	V	I	E	M	N
N	W	L	S	U	E	I	U	I	T	T	P	D	Y	S	Q	G	A	E
I	N	J	P	I	R	Z	E	T	R	J	X	C	M	J	N	Q	S	F
E	R	S	V	A	K	V	A	E	R	E	H	C	A	M	T	U	M	F
N	I	Z	T	P	K	F	O	H	Y	E	G	K	Q	D	T	C	D	O
I	D	I	F	O	G	H	N	C	L	Z	M	Y	V	T	E	I	F	F
H	O	Y	I	Y	K	G	F	T	L	B	B	E	E	A	Z	K	O	O
N	E	V	U	U	I	S	G	T	V	A	A	S	P	R	I	C	H	T
I	R	N	V	Y	A	E	T	K	E	J	O	R	P	Z	W	U	Z	A
F	E	M	A	S	N	I	E	M	E	G	M	E	R	K	T	U	R	D

E	Y	S	I	Z	E	R	K	L	A	E	R	T	V	D	H	P	D	V
T	T	B	O	U	V	S	U	C	X	E	E	C	U	E	E	V	B	L
N	D	C	C	T	R	R	J	P	V	R	T	V	M	I	K	Q	E	T
E	E	C	H	T	E	J	M	W	K	U	E	L	F	A	O	D	R	Z
M	S	N	P	Y	C	L	P	I	U	I	D	G	X	C	N	C	G	D
I	E	P	V	P	F	A	H	B	C	Z	N	G	M	A	M	D	E	L
L	I	R	Z	E	V	N	N	D	S	G	E	L	S	H	O	W	B	E
P	T	J	C	F	R	Z	W	X	Y	F	U	P	E	P	A	W	E	H
M	E	M	E	I	N	G	A	W	V	O	B	Z	I	Q	Z	V	N	S
O	U	E	T	D	D	D	A	R	W	W	R	D	T	R	V	O	H	G
K	X	U	P	W	E	Q	W	N	T	D	E	I	E	Y	N	R	E	A
Q	W	C	S	C	M	L	Y	D	G	T	V	H	D	M	I	B	I	T
K	G	U	F	I	A	E	L	V	T	E	R	X	A	M	S	I	T	L
O	Q	E	M	E	S	L	L	X	B	E	N	C	I	W	C	L	R	L
G	T	B	X	S	N	O	F	P	T	J	H	H	O	L	F	D	X	A
K	O	W	H	S	I	O	L	A	L	T	R	D	E	W	R	T	U	M
H	C	D	P	E	E	U	V	V	U	E	L	T	G	I	Q	P	W	J
V	K	U	A	U	M	Z	U	W	P	L	X	Q	E	V	T	R	H	A
X	Y	D	Z	L	E	Z	S	G	U	D	J	B	B	P	N	M	A	W
V	M	V	Y	R	G	T	A	W	A	P	I	W	P	N	A	I	N	E
S	T	C	W	T	Y	N	S	T	D	Z	W	C	E	G	N	I	D	V
U	Q	E	T	F	C	U	K	J	E	M	O	T	I	O	N	A	L	X
N	K	L	F	X	R	S	I	A	K	J	P	D	D	Y	K	H	A	S
J	A	S	P	J	Z	R	V	F	O	G	H	Y	O	X	W	N	L	L

6

SEITE AN SEITE
ERKLAERT DINGE
MEIN ALLTAGSHELD
MACHT ECHTE KOMPLIMENTE
GEMEINSAME VERGANGENHEIT

VERBUENDETER
ERGEBENHEIT
EMOTIONAL
VATERHERZ
VORBILD

Lösung

E	Y	S	I	Z	E	R	K	L	A	E	R	T	V	D	H	P	D	V
T	T	B	O	U	V	S	U	C	X	E	E	C	U	E	E	V	B	L
N	D	C	C	T	R	R	J	P	V	R	T	V	M	I	K	Q	E	T
E	E	C	H	T	E	J	M	W	K	U	E	L	F	A	O	D	R	Z
M	S	N	P	Y	C	L	P	I	U	I	D	G	X	C	N	C	G	D
I	E	P	V	P	F	A	H	B	C	Z	N	G	M	A	M	D	E	L
L	I	R	Z	E	V	N	N	D	S	G	E	L	S	H	O	W	B	E
P	T	J	C	F	R	Z	W	X	Y	F	U	P	E	P	A	W	E	H
M	E	M	E	I	N	G	A	W	V	O	B	Z	I	Q	Z	V	N	S
O	U	E	T	D	D	D	A	R	W	W	R	D	T	R	V	O	H	G
K	X	U	P	W	E	Q	W	N	T	D	E	I	E	Y	N	R	E	A
Q	W	C	S	C	M	L	Y	D	G	T	V	H	D	M	I	B	I	T
K	G	U	F	I	A	E	L	V	T	E	R	X	A	M	S	I	T	L
O	Q	E	M	E	S	L	L	X	B	E	N	C	I	W	C	L	R	L
G	T	B	X	S	N	O	F	P	T	J	H	H	O	L	F	D	X	A
K	O	W	H	S	I	O	L	A	L	T	R	D	E	W	R	T	U	M
H	C	D	P	E	E	U	V	V	U	E	L	T	G	I	Q	P	W	J
V	K	U	A	U	M	Z	U	W	P	L	X	Q	E	V	T	R	H	A
X	Y	D	Z	L	E	Z	S	G	U	D	J	B	B	P	N	M	A	W
V	M	V	Y	R	G	T	A	W	A	P	I	W	P	N	A	I	N	E
S	T	C	W	T	Y	N	S	T	D	Z	W	C	E	G	N	I	D	V
U	Q	E	T	F	C	U	K	J	E	M	O	T	I	O	N	A	L	X
N	K	L	F	X	R	S	I	A	K	J	P	D	D	Y	K	H	A	S
J	A	S	P	J	Z	R	V	F	O	G	H	Y	O	X	W	N	L	L

V	V	N	U	N	P	A	V	K	Z	O	T	K	N	B	L	J	W	F
G	Y	F	M	U	D	H	U	Z	M	K	U	N	J	I	T	H	E	D
B	L	E	H	D	Z	N	K	L	A	F	L	F	F	I	E	V	V	E
E	H	F	Y	S	S	G	L	W	P	O	H	E	E	L	I	X	T	L
C	C	W	N	O	V	P	F	L	U	O	U	K	F	T	K	I	G	B
H	C	P	U	E	S	J	X	G	Y	Y	H	E	K	Q	B	Q	E	U
W	Z	R	L	B	G	S	H	U	Q	C	R	U	R	T	W	L	Q	T
N	T	Q	L	K	E	N	I	H	I	N	R	S	Z	R	W	H	L	U
O	Z	T	K	D	B	Q	U	L	U	T	T	O	N	E	J	C	I	P
L	B	C	C	F	N	I	R	R	S	K	C	K	N	M	W	I	E	U
V	H	C	I	L	R	H	E	N	E	U	S	N	N	M	A	S	B	B
Y	G	V	Q	K	E	W	O	O	N	N	W	V	R	E	S	M	E	K
P	D	S	Q	R	I	K	E	E	T	O	N	J	B	U	W	Y	N	I
B	E	Q	E	A	R	G	L	W	B	M	S	I	C	K	M	P	S	T
O	C	K	O	N	X	L	N	E	I	X	K	D	R	A	K	T	W	I
K	Y	N	K	K	O	N	W	U	G	J	M	Q	S	E	O	H	E	R
F	V	V	I	W	R	G	E	I	N	Q	I	K	K	N	T	E	R	K
Q	C	O	L	Z	R	D	O	G	V	N	R	G	X	S	Q	E	T	L
F	R	H	O	K	S	B	J	X	L	E	E	J	A	N	G	O	F	T
A	O	S	Y	C	L	T	O	C	M	E	L	K	K	I	X	Q	V	S
W	K	N	N	E	W	D	J	F	P	B	W	U	R	J	J	F	Z	I
O	E	S	H	D	S	A	U	D	E	R	S	H	V	E	D	X	V	B
M	D	E	I	A	O	A	Q	E	E	K	Z	F	C	G	N	O	N	I
K	G	I	W	X	F	N	M	R	L	R	F	Y	P	S	D	A	U	S

7

ANERKENNUNG
HELFER IN DER NOT
GIBT KONSTRUKTIVE KRITIK
IN ERINNERUNGEN SCHWELGEN
KUEMMERT SICH WENN DU KRANK BIST

AUFMERKSAM
WOHLWOLLEN
LIEBENSWERT
EHRLICHKEIT
EHRLICH

Lösung

V	V	N	U	N	P	A	V	K	Z	O	T	K	N	B	L	J	W	F
G	Y	F	M	U	D	H	U	Z	M	K	U	N	J	I	T	H	E	D
B	L	E	H	D	Z	N	K	L	A	F	L	F	F	I	E	V	V	E
E	H	F	Y	S	S	G	L	W	P	O	H	E	E	L	I	X	T	L
C	C	W	N	O	V	P	F	L	U	O	U	K	F	T	K	I	G	B
H	C	P	U	E	S	J	X	G	Y	Y	H	E	K	Q	B	Q	E	U
W	Z	R	L	B	G	S	H	U	Q	C	R	U	R	T	W	L	Q	T
N	T	Q	L	K	E	N	I	H	I	N	R	S	Z	R	W	H	L	U
O	Z	T	K	D	B	Q	U	L	U	T	T	O	N	E	J	C	I	P
L	B	C	C	F	N	I	R	R	S	K	C	K	N	M	W	I	E	U
V	H	C	I	L	R	H	E	N	E	U	S	N	N	M	A	S	B	B
Y	G	V	Q	K	E	W	O	O	N	N	W	V	R	E	S	M	E	K
P	D	S	Q	R	I	K	E	E	T	O	N	J	B	U	W	Y	N	I
B	E	Q	E	A	R	G	L	W	B	M	S	I	C	K	M	P	S	T
O	C	K	O	N	X	L	N	E	I	X	K	D	R	A	K	T	W	I
K	Y	N	K	K	O	N	W	U	G	J	M	Q	S	E	O	H	E	R
F	V	V	I	W	R	G	E	I	N	Q	I	K	K	N	T	E	R	K
Q	C	O	L	Z	R	D	O	G	V	N	R	G	X	S	Q	E	T	L
F	R	H	O	K	S	B	J	X	L	E	E	J	A	N	G	O	F	T
A	O	S	Y	C	L	T	O	C	M	E	L	K	K	I	X	Q	V	S
W	K	N	N	E	W	D	J	F	P	B	W	U	R	J	J	F	Z	I
O	E	S	H	D	S	A	U	D	E	R	S	H	V	E	D	X	V	B
M	D	E	I	A	O	A	Q	E	E	K	Z	F	C	G	N	O	N	I
K	G	I	W	X	F	N	M	R	L	R	F	Y	P	S	D	A	U	S

O I C H X L K P C P K E P I I B S Q T
G E E I N S D S H X D F I E F L M I J
O R T S S E T J P U N E I G A M U C A
R F B G P I V H C G E T C X F D W H G
D X H E D L N T U I Z T N P H I I U U
T T M C D I X Q I T T R K S T R K I X
I A S U A M Z Q O H E O M O I W I Y D
Z F H J R A N B F C U H U S Y T S Q L
N D N Y F F V J B I T C N H T O L L E
K U U O P I L G S S S I L W B W U L B
X Q U W S L F M Z H R S C B L Q N A S
B P O T D F Y U U C E Z J X Y H Y S E
T I E K G I D N E A T S E B N N Z W Y
K Q G W K R N N S N N X K I B G Q X P
Q T I B E R A T E R U L M R O R U Y K
Z K O C S Y L Z G Z U M O L E S Q J J
S C A A B Q D G Q T T C I Q R H R Z O
Z P S E I N L A X O C E G H E H X G O
Z N E P H C P N H C B V U J Z D H J A
K X A H Q I H J Q E Z E Y E M R E A W
G K L M O M E N T E B Y U U C W S Z N
L U C Q J V F O R C E V X B Z E I T F
M V H B G U X X A C I G W U A Q Z I M
S H P R I O E M A S N I E M E G X R P

8

NIMMT SICH ZEIT
UNTERSTUETZEND
FAMILIE IST PRIO EINS
BEI DIR DARF ICH ICH SEIN
TOLLE GEMEINSAME MOMENTE

BESTAENDIGKEIT
NACHSICHTIG
WAERME
BERATER
LIEBE

Lösung

O	I	C	H	X	L	K	P	C	P	K	E	P	I	I	B	S	Q	T
G	E	E	I	N	S	D	S	H	X	D	F	I	E	F	L	M	I	J
O	R	T	S	S	E	T	J	P	U	N	E	I	G	A	M	U	C	A
R	F	B	G	P	I	V	H	C	G	E	T	C	X	F	D	W	H	G
D	X	H	E	D	L	N	T	U	I	Z	T	N	P	H	I	I	U	U
T	T	M	C	D	I	X	Q	I	T	T	R	K	S	T	R	K	I	X
I	A	S	U	A	M	Z	Q	O	H	E	O	M	O	I	W	I	Y	D
Z	F	H	J	R	A	N	B	F	C	U	H	U	S	Y	T	S	Q	L
N	D	N	Y	F	F	V	J	B	I	T	C	N	H	T	O	L	L	E
K	U	U	O	P	I	L	G	S	S	S	I	L	W	B	W	U	L	B
X	Q	U	W	S	L	F	M	Z	H	R	S	C	B	L	Q	N	A	S
B	P	O	T	D	F	Y	U	U	C	E	Z	J	X	Y	H	Y	S	E
T	I	E	K	G	I	D	N	E	A	T	S	E	B	N	N	Z	W	Y
K	Q	G	W	K	R	N	N	S	N	N	X	K	I	B	G	Q	X	P
Q	T	I	B	E	R	A	T	E	R	U	L	M	R	O	R	U	Y	K
Z	K	O	C	S	Y	L	Z	G	Z	U	M	O	L	E	S	Q	J	J
S	C	A	A	B	Q	D	G	Q	T	T	C	I	Q	R	H	R	Z	O
Z	P	S	E	I	N	L	A	X	O	C	E	G	H	E	H	X	G	O
Z	N	E	P	H	C	P	N	H	C	B	V	U	J	Z	D	H	J	A
K	X	A	H	Q	I	H	J	Q	E	Z	E	Y	E	M	R	E	A	W
G	K	L	M	O	M	E	N	T	E	B	Y	U	U	C	W	S	Z	N
L	U	C	Q	J	V	F	O	R	C	E	V	X	B	Z	E	I	T	F
M	V	H	B	G	U	X	X	A	C	I	G	W	U	A	Q	Z	I	M
S	H	P	R	I	O	E	M	A	S	N	I	E	M	E	G	X	R	P

A	A	W	B	D	Y	S	S	E	X	R	F	P	W	S	O	A	G	R
T	D	J	B	T	C	K	A	A	A	E	T	G	R	H	W	B	L	E
A	D	M	D	R	G	C	G	S	V	B	P	D	I	A	N	E	Y	L
R	L	A	K	Y	I	Z	T	X	Z	E	F	N	R	J	Y	R	Y	H
E	C	L	S	E	F	N	U	Y	M	U	Z	E	L	B	P	E	S	E
N	K	C	E	S	P	W	G	E	O	D	B	S	N	E	N	I	E	A
N	F	O	D	S	T	E	X	T	I	K	O	U	G	T	K	C	C	Z
E	P	U	E	V	N	N	P	R	G	N	Y	A	F	P	Q	H	Y	R
O	Z	U	J	N	O	I	Q	D	J	Z	A	T	T	Q	P	E	T	E
K	J	F	H	N	N	E	B	D	J	F	S	N	J	N	E	R	G	N
S	S	E	E	E	V	E	C	V	L	O	T	B	D	M	D	U	Y	E
E	P	G	B	T	I	O	N	I	I	X	A	R	G	E	E	N	O	T
L	U	N	J	S	J	V	H	Z	E	Q	R	H	U	F	R	G	Y	H
L	F	T	J	D	X	G	H	M	B	J	K	L	B	C	J	I	B	C
A	T	Q	L	L	S	L	G	V	T	V	E	O	A	G	A	L	L	I
F	G	F	Q	R	S	S	F	E	G	E	R	D	K	C	G	O	M	H
T	N	Q	U	P	N	L	D	W	O	J	R	G	W	D	H	X	F	C
J	U	E	M	L	P	L	H	K	J	U	L	R	J	F	L	E	I	S
I	D	K	Z	E	Y	K	L	P	J	H	K	E	V	A	I	X	N	E
R	N	N	U	X	N	D	C	H	Q	A	T	D	H	Y	U	M	O	G
E	I	A	M	M	N	I	Z	P	A	L	T	E	S	W	M	Z	G	Y
T	B	D	X	T	H	W	E	T	G	T	U	N	Q	J	R	K	D	K
U	G	L	Z	R	W	G	G	T	P	E	V	K	T	T	K	S	H	E
G	Q	H	X	X	S	O	N	N	E	N	S	C	H	E	I	N	L	L

9

ZUEINANDER HALTEN
SAGT DASS ER EINEN LIEBT
BRINGT EINEM ZUM LACHEN
UEBER ALLES REDEN KOENNEN
GUTER GESCHICHTENERZAEHLER

EINE BEREICHERUNG
STARKE BINDUNG
ALLESKOENNER
SONNENSCHEIN
TAUSEND DANK

Lösung

A	A	W	B	D	Y	S	S	E	X	R	F	P	W	S	O	A	G	R
T	D	J	B	T	C	K	A	A	A	E	T	G	R	H	W	B	L	E
A	D	M	D	R	G	C	G	S	V	B	P	D	I	A	N	E	Y	L
R	L	A	K	Y	I	Z	T	X	Z	E	F	N	R	J	Y	R	Y	H
E	C	L	S	E	F	N	U	Y	M	U	Z	E	L	B	P	E	S	E
N	K	C	E	S	P	W	G	E	O	D	B	S	N	E	N	I	E	A
N	F	O	D	S	T	E	X	T	I	K	O	U	G	T	K	C	C	Z
E	P	U	E	V	N	N	P	R	G	N	Y	A	F	P	Q	H	Y	R
O	Z	U	J	N	O	I	Q	D	J	Z	A	T	T	Q	P	E	T	E
K	J	F	H	N	N	E	B	D	J	F	S	N	J	N	E	R	G	N
S	S	E	E	E	V	E	C	V	L	O	T	B	D	M	D	U	Y	E
E	P	G	B	T	I	O	N	I	I	X	A	R	G	E	E	N	O	T
L	U	N	J	S	J	V	H	Z	E	Q	R	H	U	F	R	G	Y	H
L	F	T	J	D	X	G	H	M	B	J	K	L	B	C	J	I	B	C
A	T	Q	L	L	S	L	G	V	T	V	E	O	A	G	A	L	L	I
F	G	F	Q	R	S	S	F	E	G	E	R	D	K	C	G	O	M	H
T	N	Q	U	P	N	L	D	W	O	J	R	G	W	D	H	X	F	C
J	U	E	M	L	P	L	H	K	J	U	L	R	J	F	L	E	I	S
I	D	K	Z	E	Y	K	L	P	J	H	K	E	V	A	I	X	N	E
R	N	N	U	X	N	D	C	H	Q	A	T	D	H	Y	U	M	O	G
E	I	A	M	M	N	I	Z	P	A	L	T	E	S	W	M	Z	G	Y
T	B	D	X	T	H	W	E	T	G	T	U	N	Q	J	R	K	D	K
U	G	L	Z	R	W	G	G	T	P	E	V	K	T	T	K	S	H	E
G	Q	H	X	X	S	O	N	N	E	N	S	C	H	E	I	N	L	L

V T Z T B O I D N C U A J L O L A H Z
T R Q E H M L H D Q F B W E K L X H T
J P R T X Z J N E B E G K P K W Y N Z
N P K J K H E R Z L I C H P F J P D I
G K E I R H X M K F O V G C V B P V F
T B B K U L I S D Z E J M F R R J R V
I R D N U J Z I H I R Z O Y P M L E I
E L I E B L I N G S M E N S C H R N R
H S V I J E S B M L W T C E A L V Y C
N Y S H G D T U Q H O D J O A Q N V T
E F A N J N M I Z V K E O S E D U W I
D C J O C E I X Z K B I S P M I Z G E
N I C X I M Q S N G L H X T W F Q T K
U K I V E H O M W H K F C X G L H V G
B N T Y F E S T W H I L R V R K N B I
R I S S I N S H A E L T K K Q E P N R
E E U B S I L W T Y Q P J D B R R H E
V H P Q N E B A H L I E T E L Q T B O
Z J E T Q H A B D D N U G U I D R R H
Z T R J K N T L P N L R J I S K Z L E
T E H J F X B Q A E E F R E G E L N G
Z K E W F M X K F V N F U D V N R Z U
R Q L Z L S L S T F X F U A O J H X Z
N L D C G Y F R A P H O U G U D C H C

10

KANN VERGEBEN
HAELT REGELN EIN
LAESST TEILHABEN
AUF IHN IST VERLASS
GEBEN UND NEHMEN

LIEBLINGSMENSCH
ZUGEHOERIGKEIT
VERBUNDENHEIT
SUPERHELD
HERZLICH

Lösung

V	T	Z	T	B	O	I	D	N	C	U	A	J	L	O	L	A	H	Z
T	R	Q	E	H	M	L	H	D	Q	F	B	W	E	K	L	X	H	T
J	P	R	T	X	Z	J	N	E	B	E	G	K	P	K	W	Y	N	Z
N	P	K	J	K	H	E	R	Z	L	I	C	H	P	F	J	P	D	I
G	K	E	I	R	H	X	M	K	F	O	V	G	C	V	B	P	V	F
T	B	B	K	U	L	I	S	D	Z	E	J	M	F	R	R	J	R	V
I	R	D	N	U	J	Z	I	H	I	R	Z	O	Y	P	M	L	E	I
E	L	I	E	B	L	I	N	G	S	M	E	N	S	C	H	R	N	R
H	S	V	I	J	E	S	B	M	L	W	T	C	E	A	L	V	Y	C
N	Y	S	H	G	D	T	U	Q	H	O	D	J	O	A	Q	N	V	T
E	F	A	N	J	N	M	I	Z	V	K	E	O	S	E	D	U	W	I
D	C	J	O	C	E	I	X	Z	K	B	I	S	P	M	I	Z	G	E
N	I	C	X	I	M	Q	S	N	G	L	H	X	T	W	F	Q	T	K
U	K	I	V	E	H	O	M	W	H	K	F	C	X	G	L	H	V	G
B	N	T	Y	F	E	S	T	W	H	I	L	R	V	R	K	N	B	I
R	I	S	S	I	N	S	H	A	E	L	T	K	K	Q	E	P	N	R
E	E	U	B	S	I	L	W	T	Y	Q	P	J	D	B	R	R	H	E
V	H	P	Q	N	E	B	A	H	L	I	E	T	E	L	Q	T	B	O
Z	J	E	T	Q	H	A	B	D	D	N	U	G	U	I	D	R	R	H
Z	T	R	J	K	N	T	L	P	N	L	R	J	I	S	K	Z	L	E
T	E	H	J	F	X	B	Q	A	E	E	F	R	E	G	E	L	N	G
Z	K	E	W	F	M	X	K	F	V	N	F	U	D	V	N	R	Z	U
R	Q	L	Z	L	S	L	S	T	F	X	F	U	A	O	J	H	X	Z
N	L	D	C	G	Y	F	R	A	P	H	O	U	G	U	D	C	H	C

Y	T	T	S	S	A	P	K	S	H	I	U	O	N	T	Q	G	W	A
H	W	J	G	S	T	A	H	C	I	M	M	Z	I	V	F	J	F	F
W	M	Y	O	P	I	T	G	T	W	Q	V	A	D	G	J	T	Q	B
S	F	G	Z	O	X	I	J	E	W	E	N	Q	P	F	C	Y	C	L
J	K	T	I	V	L	N	E	G	R	O	B	E	G	A	U	C	H	T
C	M	Z	K	A	A	Z	Q	W	A	E	L	H	E	U	F	W	F	I
E	E	X	M	R	F	V	X	E	P	N	S	Q	F	J	O	I	W	E
R	C	N	P	I	B	F	A	R	D	I	C	H	C	R	O	I	G	K
Q	I	Q	Y	Z	Q	A	E	T	L	E	N	J	T	X	R	H	I	H
E	L	H	M	Z	G	X	N	S	W	H	C	E	X	R	A	F	N	C
V	L	W	P	E	E	M	O	C	D	S	E	R	T	B	H	U	E	I
E	O	R	H	Y	I	D	A	H	S	O	W	U	E	D	X	A	H	L
E	V	K	K	C	Y	N	F	A	R	K	D	N	F	H	E	H	E	T
I	T	D	H	V	I	I	Q	E	L	J	O	L	I	E	E	A	T	E
N	E	J	K	H	V	S	E	T	Z	C	H	M	I	C	G	X	S	U
E	A	Y	Z	X	E	M	Q	Z	H	R	N	W	O	B	B	J	R	M
N	T	L	F	G	R	G	N	U	H	X	E	S	D	U	R	C	E	E
V	E	Y	J	Q	T	N	X	N	W	X	Z	K	L	A	Z	O	V	G
L	I	O	B	R	E	S	I	G	H	E	V	F	M	Q	J	I	V	I
S	P	D	F	G	I	C	I	B	I	R	A	I	Z	H	V	F	L	Y
Y	A	P	B	H	D	T	J	G	V	T	J	F	B	F	W	T	J	V
R	T	P	C	J	I	I	T	C	M	G	N	U	D	F	Y	R	E	E
K	P	J	P	L	G	Y	W	T	N	L	Y	A	K	I	V	P	I	Y
L	N	R	Y	S	T	N	E	N	J	W	G	M	T	G	D	Q	F	O

11

WIR GEFUEHL HABEN

PASST AUF DICH AUF

FUEHLE MICH GEBORGEN

ZEIGT WERTSCHAETZUNG

SICH AUCH OHNE WORTE VERSTEHEN

VERTEIDIGT EINEN

GEMUETLICHKEIT

IST PIETAETVOLL

MEIN VORBILD

EINMALIG

Lösung

Y T T S S A P K S H I U O N T Q G W A
H W J G S T A H C I M M Z I V F J F F
W M Y O P I T G T W Q V A D G J T Q B
S F G Z O X I J E W E N Q P F C Y C L
J K T I V L N E G R O B E G A U C H T
C M Z K A A Z Q W A E L H E U F W F I
E E X M R F V X E P N S Q F J O I W E
R C N P I B F A R D I C H C R O I G K
Q I Q Y Z Q A E T L E N J T X R H I H
E L H M Z G X N S W H C E X R A F N C
V L W P E E M O C D S E R T B H U E I
E O R H Y I D A H S O W U E D X A H L
E V K K C Y N F A R K D N F H E H E T
I T D H V I I Q E L J O L I E E A T E
N E J K H V S E T Z C H M I C G X S U
E A Y Z X E M Q Z H R N W O B B J R M
N T L F G R G N U H X E S D U R C E E
V E Y J Q T N X N W X Z K L A Z O V G
L I O B R E S I G H E V F M Q J I V I
S P D F G I C I B I R A I Z H V F L Y
Y A P B H D T J G V T J F B F W T J V
R T P C J I I T C M G N U D F Y R E E
K P J P L G Y W T N L Y A K I V P I Y
L N R Y S T N E N J W G M T G D Q F O

T R Y Q K C P A L I W C G U U B M Y M
I J M P J P B Z Z Q E Z K L I Y J A D
E N O L Q V A U Y L P C R L N I C J P
H C F J W T N E M O M M L A W A W I C
N R V J D D I A N A B V O P L D Q I T
E B V G E M E I N S A M E C F R N G N
G Y B K Z F F E X G I T H C I R F U A
E N F G D E T S E B C Y B T K P N E K
L I Z I D E L T E R N T E I L A E S P
E M P A I K L Z X U S B L J Z Q J C N
G M Y C C P M T D P R L Z R E M M I E
N T P Y H Z H E G F D P N E D O Z G Z
A F V E Q F R U Q I V U S M D S E I T
S N E G N U M H E N R E T N U M I P E
N H S R Z H U C N I L B V N E S W A A
E Y D L I I D S H S U I H I G U O M H
Z U I X U T R E N X U W N B D A T Z C
R U H G V F J B M H M S Z S J R L Q S
E N X F W H F A Z O A N L F T O F K X
H I I X C S A N W M E T K G T V Y Z K
E K C K K F U S E F X F R I T K N E D
Q P X P V I O N Z Z P W E R E U F I Y
D E R G I H U B Y X Z Z V H C I S T V
G C W J T R H L J Z V O U V W U R E E

12

NIMMT SICH ZEIT

IMMER FUER DICH DA

HERZENSANGELEGENHEIT

GEMEINSAME UNTERNEHMUNGEN

DEN GEMEINSAMEN MOMENT SCHAETZEN

DENKT VORAUS

BESCHUETZT

AUFRICHTIG

ELTERNTEIL

DER BESTE

Lösung

T R Y Q K C P A L I W C G U U B M Y M

I J M P J P B Z Z Q E Z K L I Y J A D

E N O L Q V A U Y L P C R L N I C J P

H C F J W T N E M O M M L A W A W I C

N R V J D D I A N A B V O P L D Q I T

E B V G E M E I N S A M E C F R N G N

G Y B K Z F F E X G I T H C I R F U A

E N F G D E T S E B C Y B T K P N E K

L I Z I D E L T E R N T E I L A E S P

E M P A I K L Z X U S B L J Z Q J C N

G M Y C C P M T D P R L Z R E M M I E

N T P Y H Z H E G F D P N E D O Z G Z

A F V E Q F R U Q I V U S M D S E I T

S N E G N U M H E N R E T N U M I P E

N H S R Z H U C N I L B V N E S W A A

E Y D L I I D S H S U I H I G U O M H

Z U I X U T R E N X U W N B D A T Z C

R U H G V F J B M H M S Z S J R L Q S

E N X F W H F A Z O A N L F T O F K X

H I I X C S A N W M E T K G T V Y Z K

E K C K K F U S E F X F R I T K N E D

Q P X P V I O N Z Z P W E R E U F I Y

D E R G I H U B Y X Z Z V H C I S T V

G C W J T R H L J Z V O U V W U R E E

M A U F A Q C U K O N S E Q U E N T I
F F I J U J D I I M T B U T T L V N D
J U Q L B X Y Z G F J I J M J J T O N
T M E D W K O Y X V L Z H W H I K Z G
R S K X P H L V I X U T O V M M Z X T
S O I F Z G X T L H H O V E Y O D H I
O L U Q Q E A J O E H N T T G Q M T E
F J L U Q E Q E B H I G O K V H A B K
K R L O R D R P D R N H V H A A T C G
L T L K V E N S C I T C M M P C I F I
A T O C N R X F R O L A F S P U B J R
L I T C U N E B L P D X H I C D G G E
J M E M Q N R D J R C E I J D C N V O
D L D Y D E G H N O F B I B S A U A H
D I C H V I Y C B U E J M N I S T O E
F J D I R D H I P S W G M B E D R I G
Z T B E I L W S C U Q C K V Y R O K N
K G W H Y M L H X V G V R H U H W L E
Z I L R K C E F G R W A U Z O Y T M M
J N P M Z I G N L Y T I L A U Q N W M
N Q E B D O Z A H Z F N X F F F A J A
F B H E E H E A N O S X K Y T M R V S
T F N C N S B R R Q V D G E R N E E U
P Q W Y K B T M M I N R E B E U V S Z

13

ICH HAB DICH LIEB
WUNDERVOLL TOLL
GERN IN DEINER NAEHE
KONSEQUENT
ZUSAMMENGEHOERIGKEIT
BESCHEIDEN
UEBERNIMMT VERANTWORTUNG
ZUHOEREN
VERBRINGT QUALITY TIME MIT DIR
KREATIV

Lösung

M	A	U	F	A	Q	C	U	K	O	N	S	E	Q	U	E	N	T	I
F	F	I	J	U	J	D	I	I	M	T	B	U	T	T	L	V	N	D
J	U	Q	L	B	X	Y	Z	G	F	J	I	J	M	J	J	T	O	N
T	M	E	D	W	K	O	Y	X	V	L	Z	H	W	H	I	K	Z	G
R	S	K	X	P	H	L	V	I	X	U	T	O	V	M	M	Z	X	T
S	O	I	F	Z	G	X	T	L	H	H	O	V	E	Y	O	D	H	I
O	L	U	Q	Q	E	A	J	O	E	H	N	T	T	G	Q	M	T	E
F	J	L	U	Q	E	Q	E	B	H	I	G	O	K	V	H	A	B	K
K	R	L	O	R	D	R	P	D	R	N	H	V	H	A	A	T	C	G
L	T	L	K	V	E	N	S	C	I	T	C	M	M	P	C	I	F	I
A	T	O	C	N	R	X	F	R	O	L	A	F	S	P	U	B	J	R
L	I	T	C	U	N	E	B	L	P	D	X	H	I	C	D	G	G	E
J	M	E	M	Q	N	R	D	J	R	C	E	I	J	D	C	N	V	O
D	L	D	Y	D	E	G	H	N	O	F	B	I	B	S	A	U	A	H
D	I	C	H	V	I	Y	C	B	U	E	J	M	N	I	S	T	O	E
F	J	D	I	R	D	H	I	P	S	W	G	M	B	E	D	R	I	G
Z	T	B	E	I	L	W	S	C	U	Q	C	K	V	Y	R	O	K	N
K	G	W	H	Y	M	L	H	X	V	G	V	R	H	U	H	W	L	E
Z	I	L	R	K	C	E	F	G	R	W	A	U	Z	O	Y	T	M	M
J	N	P	M	Z	I	G	N	L	Y	T	I	L	A	U	Q	N	W	M
N	Q	E	B	D	O	Z	A	H	Z	F	N	X	F	F	F	A	J	A
F	B	H	E	E	H	E	A	N	O	S	X	K	Y	T	M	R	V	S
T	F	N	C	N	S	B	R	R	Q	V	D	G	E	R	N	E	E	U
P	Q	W	Y	K	B	T	M	M	I	N	R	E	B	E	U	V	S	Z

L W X D Y E G V Y U T R T L L Q O G L
F T G M E T E O M E P B L I Y L F I A
E I P E L T M W P F E V H W M P U T C
I E P H Z V E R B U N D E N H E I T H
O K B C S O I I H E Q T T I A Y V D E
R M X U S V N W K R L Y E B T H E X N
Q A J Z T D S G B K F Q P J P T R Q X
H S T V F D A J Q P O Y C E H I T E U
C N N E L K M K E D Z S R W I Y R P R
S I E N G E I Q R N B U C T C J A K X
N E G Z F P G U R T O F E N M Y U D F
E M P F L I C H T B E W U S S T T E E
M E M R P N B E D R F F S Q J D E N Y
N G H Y L Z D S P N C J U W C V R K R
E X V Y P N E I O Z E E B O T X L T N
I T N T E B Y I C G G L P E Z R M V R
L U K F O V S S T H R J H E Z B K E B
I Z Q Q F U I W E A M N K E E K B S I
M P L Q E I W G V J I S A C U E X M U
A Z K T F V D C U Y M E R K G F U M K
F L D G R E M M I R Y I G T Q P T K F
E E M P I W K N G R L C A Z D H Q I D
E D C V V V M M Q X H R U S Z V X Q M
N D T V U O K Z Q C T Q U E S H I F I

14

PFLICHTBEWUSST
FAMILIENMENSCH
GEMEINSAM LACHEN
ENGE VERBUNDENHEIT
HAT IMMER ZEIT FUER DICH

GEMEINSAMKEIT
MITFUEHLEND
VERTRAUTER
DENKT MIT
RATGEBER

Lösung

L	W	X	D	Y	E	G	V	Y	U	T	R	T	L	L	Q	O	G	L
F	T	G	M	E	T	E	O	M	E	P	B	L	I	Y	L	F	I	A
E	I	P	E	L	T	M	W	P	F	E	V	H	W	M	P	U	T	C
I	E	P	H	Z	V	E	R	B	U	N	D	E	N	H	E	I	T	H
O	K	B	C	S	O	I	I	H	E	Q	T	T	I	A	Y	V	D	E
R	M	X	U	S	V	N	W	K	R	L	Y	E	B	T	H	E	X	N
Q	A	J	Z	T	D	S	G	B	K	F	Q	P	J	P	T	R	Q	X
H	S	T	V	F	D	A	J	Q	P	O	Y	C	E	H	I	T	E	U
C	N	N	E	L	K	M	K	E	D	Z	S	R	W	I	Y	R	P	R
S	I	E	N	G	E	I	Q	R	N	B	U	C	T	C	J	A	K	X
N	E	G	Z	F	P	G	U	R	T	O	F	E	N	M	Y	U	D	F
E	M	P	F	L	I	C	H	T	B	E	W	U	S	S	T	T	E	E
M	E	M	R	P	N	B	E	D	R	F	F	S	Q	J	D	E	N	Y
N	G	H	Y	L	Z	D	S	P	N	C	J	U	W	C	V	R	K	R
E	X	V	Y	P	N	E	I	O	Z	E	E	B	O	T	X	L	T	N
I	T	N	T	E	B	Y	I	C	G	G	L	P	E	Z	R	M	V	R
L	U	K	F	O	V	S	S	T	H	R	J	H	E	Z	B	K	E	B
I	Z	Q	Q	F	U	I	W	E	A	M	N	K	E	E	K	B	S	I
M	P	L	Q	E	I	W	G	V	J	I	S	A	C	U	E	X	M	U
A	Z	K	T	F	V	D	C	U	Y	M	E	R	K	G	F	U	M	K
F	L	D	G	R	E	M	M	I	R	Y	I	G	T	Q	P	T	K	F
E	E	M	P	I	W	K	N	G	R	L	C	A	Z	D	H	Q	I	D
E	D	C	V	V	V	M	M	Q	X	H	R	U	S	Z	V	X	Q	M
N	D	T	V	U	O	K	Z	Q	C	T	Q	U	E	S	H	I	F	I

W M M A W K K S Z E B F G P Y B G H S
L V S S P G D W C J X E I F Z W N S N
E A U A U R G P Q T H H F H V B J B T
K S J F Y Q F N O T G R O A H O I K Y
A S R J T R I K U W C N M L N Y G Q M
Q E S M S S B H L L F F U H T F C C Z
T D U I S J U C X J O X C G E G D I R
K V P R U F B S O B R H X A I T I A Q
R E E I W R T I R V H W R E K E S E L
E I R P E T T T F R H S G E E J N E Z
M N M E B N H N A E B D N Y X R M U B
F H A S T H A E I W H C X N C Q A B Z
L E N B S Q H H R Q F R B T N O X U C
S I N N B Y L T D J Z O A D A C J E S
G T X Q L F L U J B Z E B T V T N P V
P T P J E A V A G U N Y L H W N F Q X
Q M N Z S I J L L F V M B C V S Y N W
N N I S N I E M E G P O D E A U S E W
P H S V V R D S W J E I F L E J C W P
I N C J X H I I T W H A F H D J B Z S
Q T P S R J Q O H S D P U C Q S M O K
S I N D N E A T S R E V R S M B C O V
V F A M N R O Q J N T R O F O S G O S
N S H N X W Y Y T M B P Z F U Z B R W

15

AUTHENTISCH
SELBSTBEWUSST
ZEIGT VERSTAENDNIS
HOLT DAS BESTE AUS MIR RAUS
MERKT SOFORT ES GEHT DIR SCHLECHT

GEMEINSINN
SUPERMANN
ZUNEIGUNG
ERHOLUNG
EINHEIT

Lösung

W	M	M	A	W	K	K	S	Z	E	B	F	G	P	Y	B	G	H	S
L	V	S	S	P	G	D	W	C	J	X	E	I	F	Z	W	N	S	N
E	A	U	A	U	R	G	P	Q	T	H	H	F	H	V	B	J	B	T
K	S	J	F	Y	Q	F	N	O	T	G	R	O	A	H	O	I	K	Y
A	S	R	J	T	R	I	K	U	W	C	N	M	L	N	Y	G	Q	M
Q	E	S	M	S	S	B	H	L	L	F	F	U	H	T	F	C	C	Z
T	D	U	I	S	J	U	C	X	J	O	X	C	G	E	G	D	I	R
K	V	P	R	U	F	B	S	O	B	R	H	X	A	I	T	I	A	Q
R	E	E	I	W	R	T	I	R	V	H	W	R	E	K	E	S	E	L
E	I	R	P	E	T	T	T	F	R	H	S	G	E	E	J	N	E	Z
M	N	M	E	B	N	H	N	A	E	B	D	N	Y	X	R	M	U	B
F	H	A	S	T	H	A	E	I	W	H	C	X	N	C	Q	A	B	Z
L	E	N	B	S	Q	H	H	R	Q	F	R	B	T	N	O	X	U	C
S	I	N	N	B	Y	L	T	D	J	Z	O	A	D	A	C	J	E	S
G	T	X	Q	L	F	L	U	J	B	Z	E	B	T	V	T	N	P	V
P	T	P	J	E	A	V	A	G	U	N	Y	L	H	W	N	F	Q	X
Q	M	N	Z	S	I	J	L	L	F	V	M	B	C	V	S	Y	N	W
N	N	I	S	N	I	E	M	E	G	P	O	D	E	A	U	S	E	W
P	H	S	V	V	R	D	S	W	J	E	I	F	L	E	J	C	W	P
I	N	C	J	X	H	I	I	T	W	H	A	F	H	D	J	B	Z	S
Q	T	P	S	R	J	Q	O	H	S	D	P	U	C	Q	S	M	O	K
S	I	N	D	N	E	A	T	S	R	E	V	R	S	M	B	C	O	V
V	F	A	M	N	R	O	Q	J	N	T	R	O	F	O	S	G	O	S
N	S	H	N	X	W	Y	Y	T	M	B	P	Z	F	U	Z	B	R	W

V C B G F N P T R O S T U I Q L P N Q
Z E I G T U M R T J P G F A J I Y E G
E R R M N B J L D H F S P T Z E K H A
C I E F C A D C M U C I I Y H B P B V
Z K F S L X E Y G W Q A N Z H E Y U O
Y G C R P U O H Q Q B N M Z M V D N D
P B Z U T E U N E A R P V E A O X M F
C J O H H X K M Y C W P Z T G L Z R W
S H K C C Q P T A I G K Y U E L L L L
D P U I A A X G C R W M Y Q T C S C F
R D G Z R U L S E U M R F I J C U F L
O J F K T F Z D P D G U X Q P M L H K
Q K I O N E U T B E E J N P L E A U M
F D X R I I H J A F N I H G U R A F F
H M A M E N W F X L Z D L A E Z V H G
S Y F U P A P K Z L P R E B J N F Z N
V O G T X N S K T F I R B T T K E V S
L W D I X D B H C I S V E W K E Q Q G
Z S T G Q E H J O V Z Z T K Z W X W U
I K D I G R C Z X J X Y D C N J Z Q T
A D A K V E R L A S S E N K R A D F V
H I U H S V Z T J X Z F I C J A Q Q A
I M E B E Z H N U S V D V Y F V Q V O
O Z R K U I P P R C E R J R H N J S E

16

GUT GEMACHT
ZEIGT RESPEKT
UMARMUNGEN
SPENDET TROST
SICH AUFEINANDER VERLASSEN

ANKERPLATZ
EINTRACHT
LIEBEVOLL
NAEHE
MUTIG

Lösung

V C B G F N P T R O S T U I Q L P N Q

Z E I G T U M R T J P G F A J I Y E G

E R R M N B J L D H F S P T Z E K H A

C I E F C A D C M U C I I Y H B P B V

Z K F S L X E Y G W Q A N Z H E Y U O

Y G C R P U O H Q Q B N M Z M V D N D

P B Z U T E U N E A R P V E A O X M F

C J O H H X K M Y C W P Z T G L Z R W

S H K C C Q P T A I G K Y U E L L L L

D P U I A A X G C R W M Y Q T C S C F

R D G Z R U L S E U M R F I J C U F L

O J F K T F Z D P D G U X Q P M L H K

Q K I O N E U T B E E J N P L E A U M

F D X R I I H J A F N I H G U R A F F

H M A M E N W F X L Z D L A E Z V H G

S Y F U P A P K Z L P R E B J N F Z N

V O G T X N S K T F I R B T T K E V S

L W D I X D B H C I S V E W K E Q Q G

Z S T G Q E H J O V Z Z T K Z W X W U

I K D I G R C Z X J X Y D C N J Z Q T

A D A K V E R L A S S E N K R A D F V

H I U H S V Z T J X Z F I C J A Q Q A

I M E B E Z H N U S V D V Y F V Q V O

O Z R K U I P P R C E R J R H N J S E

J	H	X	G	Z	B	E	S	O	N	N	E	N	W	Q	L	M	K	F
P	V	I	Y	O	E	I	N	F	A	L	L	S	R	E	I	C	H	O
L	G	Z	H	N	S	F	T	W	Z	S	V	T	S	F	P	E	Y	H
M	D	B	L	Y	B	B	E	C	S	N	Z	A	S	P	X	N	E	R
J	P	E	Z	W	W	A	W	O	W	K	M	R	B	M	H	R	N	X
O	T	D	E	P	L	L	A	Z	H	T	T	K	B	H	W	G	G	B
T	G	I	E	Z	G	R	F	G	N	F	J	E	S	F	B	V	E	W
U	N	N	F	F	W	N	G	S	L	F	A	H	M	V	E	H	S	A
Z	R	G	U	W	D	D	U	C	S	O	R	A	U	D	E	W	Y	O
Q	Q	U	M	A	T	O	D	N	D	N	E	N	R	O	P	S	N	A
L	W	N	Q	T	Z	I	K	B	N	V	Z	I	B	Q	M	H	D	M
J	M	G	P	S	K	M	E	B	D	E	C	A	Z	K	X	D	N	O
A	Y	S	F	L	T	C	V	H	Z	H	K	E	R	R	B	T	F	K
R	A	L	X	P	A	F	Y	E	T	W	D	R	T	J	O	F	I	M
B	W	O	L	C	H	V	I	W	U	U	Z	A	E	H	E	S	W	Z
I	B	S	X	Y	Z	G	Q	S	T	X	A	S	N	N	K	J	S	Z
C	M	E	B	R	T	L	C	V	B	R	X	R	E	K	A	Z	U	N
Y	R	F	Q	H	N	F	S	H	C	W	E	S	T	B	B	J	X	M
U	R	M	L	I	E	B	E	I	K	X	P	D	S	R	V	A	N	G
S	B	A	N	D	Y	F	A	K	H	T	C	Z	J	O	E	A	R	B
D	Y	T	Q	W	P	D	B	S	M	S	T	Q	K	D	A	V	L	R
O	G	D	O	M	E	T	H	U	C	Z	E	C	C	P	I	K	I	P
A	O	V	S	W	P	D	Y	W	L	I	C	R	Y	I	S	A	E	A
U	Z	V	D	Q	O	C	C	U	E	E	R	A	M	E	F	J	K	B

17

EINFALLSREICH
HAT OFFENES OHR
ZEIGT ANERKENNUNG
STARKE VERTRAUTHEIT
ZEIGT BEDINGUNGSLOSE LIEBE
ANSPORNEND
ENGES BAND
BESONNEN
DANKBAR
FAIR

Lösung

J H X G Z B E S O N N E N W Q L M K F
P V I Y O E I N F A L L S R E I C H O
L G Z H N S F T W Z S V T S F P E Y H
M D B L Y B B E C S N Z A S P X N E R
J P E Z W W A W O W K M R B M H R N X
O T D E P L L A Z H T T K B H W G G B
T G I E Z G R F G N F J E S F B V E W
U N N F F W N G S L F A H M V E H S A
Z R G U W D D U C S O R A U D E W Y O
Q Q U M A T O D N D N E N R O P S N A
L W N Q T Z I K B N V Z I B Q M H D M
J M G P S K M E B D E C A Z K X D N O
A Y S F L T C V H Z H K E R R B T F K
R A L X P A F Y E T W D R T J O F I M
B W O L C H V I W U U Z A E H E S W Z
I B S X Y Z G Q S T X A S N N K J S Z
C M E B R T L C V B R X R E K A Z U N
Y R F Q H N F S H C W E S T B B J X M
U R M L I E B E I K X P D S R V A N G
S B A N D Y F A K H T C Z J O E A R B
D Y T Q W P D B S M S T Q K D A V L R
O G D O M E T H U C Z E C C P I K I P
A O V S W P D Y W L I C R Y I S A E A
U Z V D Q O C C U E E R A M E F J K B

H	B	O	Z	W	I	Y	P	T	M	T	T	T	E	C	F	N	R	M
B	F	A	U	R	O	D	I	U	D	N	U	U	E	K	C	D	T	D
E	R	E	U	G	O	O	M	R	T	R	G	H	B	O	X	K	E	G
Z	F	F	R	D	I	E	L	U	E	S	Z	P	V	Y	T	V	I	D
O	F	M	M	M	N	E	U	A	R	T	R	E	V	K	J	B	F	I
A	C	S	M	V	P	T	L	E	W	C	R	Z	H	G	T	V	C	S
H	M	E	W	I	E	Q	K	B	M	M	L	R	L	E	N	S	X	K
G	R	Y	S	H	T	M	U	C	U	U	S	U	B	E	E	I	D	U
N	C	X	D	E	N	W	J	A	H	G	E	X	B	I	Z	E	J	T
K	H	F	U	N	I	E	K	Y	K	C	U	B	E	T	N	P	O	I
H	C	S	E	Y	E	S	A	L	K	K	U	U	S	S	E	C	Y	E
K	U	I	R	O	M	Z	R	S	I	R	N	X	C	T	R	C	R	R
S	R	B	F	H	E	F	M	Q	I	Y	D	Z	H	Q	G	E	W	E
H	P	D	L	M	G	O	P	Y	Q	I	W	N	U	B	T	O	C	N
D	S	A	W	I	M	V	O	B	F	M	G	K	E	M	R	C	G	L
Y	U	Z	N	E	N	I	T	E	F	P	V	Q	T	O	O	J	X	K
Y	Z	X	N	K	A	D	I	T	L	Y	U	E	Z	R	S	X	H	R
X	Z	T	H	E	M	L	L	Z	G	T	Q	J	E	E	T	D	P	S
M	E	Y	A	Q	X	A	B	V	D	G	S	T	R	K	E	P	C	P
H	U	R	E	N	E	H	C	E	R	P	S	R	E	V	C	F	S	P
L	N	I	L	K	V	O	Y	M	U	W	D	S	Q	G	A	D	E	I
I	D	P	T	G	D	N	D	C	W	C	U	A	Y	Z	Y	S	J	T
A	I	X	D	D	H	M	K	U	T	P	F	K	D	U	X	S	L	K
L	Z	P	R	E	S	P	E	K	T	I	E	R	T	Z	M	H	Q	U

18

BLIND VERTRAUEN
HAELT VERSPRECHEN
TROST UND ZUSPRUCH
RESPEKTIERT GRENZEN
GIBT GUT GEMEINTE TIPPS
GLUECKSMOMENTE
FREUD UND LEID
BESCHUETZER
DISKUTIEREN
IMMER DA

Lösung

H	B	O	Z	W	I	Y	P	T	M	T	T	T	E	C	F	N	R	M
B	F	A	U	R	O	D	I	U	D	N	U	U	E	K	C	D	T	D
E	R	E	U	G	O	O	M	R	T	R	G	H	B	O	X	K	E	G
Z	F	F	R	D	I	E	L	U	E	S	Z	P	V	Y	T	V	I	D
O	F	M	M	M	N	E	U	A	R	T	R	E	V	K	J	B	F	I
A	C	S	M	V	P	T	L	E	W	C	R	Z	H	G	T	V	C	S
H	M	E	W	I	E	Q	K	B	M	M	L	R	L	E	N	S	X	K
G	R	Y	S	H	T	M	U	C	U	U	S	U	B	E	E	I	D	U
N	C	X	D	E	N	W	J	A	H	G	E	X	B	I	Z	E	J	T
K	H	F	U	N	I	E	K	Y	K	C	U	B	E	T	N	P	O	I
H	C	S	E	Y	E	S	A	L	K	K	U	U	S	S	E	C	Y	E
K	U	I	R	O	M	Z	R	S	I	R	N	X	C	T	R	C	R	R
S	R	B	F	H	E	F	M	Q	I	Y	D	Z	H	Q	G	E	W	E
H	P	D	L	M	G	O	P	Y	Q	I	W	N	U	B	T	O	C	N
D	S	A	W	I	M	V	O	B	F	M	G	K	E	M	R	C	G	L
Y	U	Z	N	E	N	I	T	E	F	P	V	Q	T	O	O	J	X	K
Y	Z	X	N	K	A	D	I	T	L	Y	U	E	Z	R	S	X	H	R
X	Z	T	H	E	M	L	L	Z	G	T	Q	J	E	E	T	D	P	S
M	E	Y	A	Q	X	A	B	V	D	G	S	T	R	K	E	P	C	P
H	U	R	E	N	E	H	C	E	R	P	S	R	E	V	C	F	S	P
L	N	I	L	K	V	O	Y	M	U	W	D	S	Q	G	A	D	E	I
I	D	P	T	G	D	N	D	C	W	C	U	A	Y	Z	Y	S	J	T
A	I	X	D	D	H	M	K	U	T	P	F	K	D	U	X	S	L	K
L	Z	P	R	E	S	P	E	K	T	I	E	R	T	Z	M	H	Q	U